美丽乡村建设指引

齐霄汉　齐虹　著

中国建筑工业出版社

图书在版编目（CIP）数据

美丽乡村建设指引/齐霄汉，齐虹著. —北京：
中国建筑工业出版社，2024.6（2025.1重印）
ISBN 978-7-112-29846-4

Ⅰ.①美… Ⅱ.①齐… ②齐… Ⅲ.①农村—社会主
义建设—研究—中国 Ⅳ.①F320.3

中国国家版本馆CIP数据核字（2024）第094312号

本书共8章，分别是：美丽乡村建设目标与任务、美丽乡村规划编制、美丽乡村建设内容、美丽乡村建设管理、美丽乡村特色资源、美丽乡村建设行动、相关政策措施、美丽乡村建设做法，文后还有附录。美丽乡村建设是美丽中国建设的重要组成部分，是全面实施乡村振兴战略的重要举措，也是中国式现代化建设的重要任务。本书旨在通过对美丽乡村建设相关政策的解读，提出美丽乡村规划、建设、管理工作的基本要求，指引广大基层干部及相关同志更好地从事美丽乡村建设工作。
本书可供实施乡村振兴战略、从事美丽乡村建设工作的政府有关部门的人员及乡（镇）村干部使用，也可供相关科研单位、大专院校相关专业的师生使用。

责任编辑：胡明安
责任校对：王　烨

美丽乡村建设指引

齐霄汉　齐虹　著

*

中国建筑工业出版社出版、发行（北京海淀三里河路9号）

各地新华书店、建筑书店经销

北京建筑工业印刷有限公司制版

建工社（河北）印刷有限公司印刷

*

开本：850毫米×1168毫米　1/32　印张：7¼　字数：192千字

2024年6月第一版　　2025年1月第二次印刷

定价：25.00元

ISBN 978-7-112-29846-4

（42872）

前　言

美丽乡村是指经济、政治、文化、社会和生态文明协调发展，规划科学、生产发展、生活宽裕、乡风文明、村容整洁、管理民主，宜居、宜业的可持续发展乡村。

党的二十大明确提出：到 2035 年，生态环境根本好转，美丽中国目标基本实现。2023 年 12 月，中共中央、国务院印发了《中共中央 国务院关于全面推进美丽中国建设的意见》，要求新时代新征程开启全面推进美丽中国建设新篇章，打造美丽中国建设示范样板，建设美丽城市，建设美丽乡村。

建设美丽中国是全面建设社会主义现代化国家的重要目标，是实现中华民族伟大复兴中国梦的重要内容。美丽乡村建设是美丽中国建设的重要组成部分，是全面实施乡村振兴战略的重要举措，也是中国式现代化建设的重要任务。

美丽乡村建设包含：统筹推动乡村生态振兴和农村人居环境整治；加快农业投入品减量增效技术集成创新和推广应用，加强农业废弃物资源化利用和废旧农膜分类处置，聚焦农业面源污染，突出区域强化系统治理；扎实推进农村厕所革命，有效治理农村生活污水、垃圾和黑臭水体；建立农村生态环境监测评价制度；科学推进乡村绿化美化，加强传统村落保护利用和乡村风貌引导。到 2027 年，美丽乡村整县建成比例达到 40%；到 2035 年，美丽乡村基本建成。

建设美丽中国已成为一代人光荣的历史使命。我国乡村分布点多面广、数量与面积远大于城市，美丽中国建设的难点与重点在乡村。研究美丽乡村建设，就是要深入贯彻党的二十大精神，贯彻《中共中央 国务院关于全面推进美丽中国建设的意见》，从切实加强乡村规划、建设、管理入手，借鉴一些地方好的经验与做法，提出相关政策措施，指导美丽乡村建设行动的开展。

　　笔者从事乡村建设工作多年，对乡村建设的现状、存在的主要问题及发展目标有独特的见解，对实施乡村振兴战略、建设美丽乡村的相关政策进行了深入的研究，并结合实际提出推进美丽乡村建设的若干建议，供从事美丽乡村建设工作的人员参考。

目　　录

第一章 美丽乡村建设目标与任务

《中共中央 国务院关于全面推进美丽中国建设的意见》明确了美丽中国建设目标与任务，即到2035年，美丽中国目标全面实现，美丽乡村基本建成。美丽乡村建设的主要任务是：完善乡村规划，发展乡村经济，加强乡村建设，保护生态环境，搞好公共服务，促进乡风文明。美丽乡村建设发展前景广阔。

第一节 总体目标

党的十八大首次提出建设美丽中国的奋斗目标。党的十九大明确到2035年生态环境根本好转，美丽中国目标基本实现。党的二十大提出以中国式现代化推进中华民族伟大复兴，建设人与自然和谐共生的现代化，推进美丽中国建设。

建设美丽中国是以习近平同志为核心的党中央着眼人与自然和谐共生现代化建设全局，顺应人民群众对美好生活的期盼作出的重大战略部署。

建设美丽中国是全面建设社会主义现代化国家的重要目标。美丽中国建设关系高质量发展全局，事关如期实现第二个百年奋斗目标大局，必将贯穿于中国式现代化全过程。

建设美丽中国是实现中华民族伟大复兴中国梦的重要内容。必须全面加强美丽中国建设，筑牢中华民族伟大复兴的生态根基。

建设美丽中国是满足人民日益增长美好生活需要的必然要求。必须顺应人民群众对美好生活的向往，持续改善生态环境质量，提供更多优质生态产品，让人民群众在绿水青山中共享自然之美、生命之美、生活之美。

建设美丽中国要以美丽中国先行区建设为牵引,分阶段、分批次推进美丽蓝天、美丽河湖、美丽海湾、美丽山川、美丽城市、美丽乡村等全方位提升。

建设美丽中国的总体要求是:坚持以习近平新时代中国特色社会主义思想为指导,深入贯彻党的二十大精神,牢固树立和践行绿水青山就是金山银山的理念,处理好高质量发展和高水平保护、重点攻坚和协同治理、自然恢复和人工修复、外部约束和内生动力、"双碳"目标和自主行动的关系,统筹产业结构调整、污染治理、生态保护、应对气候变化,协同推进降碳、减污、扩绿、增长,维护国家生态安全,抓好生态文明制度建设,以高品质生态环境支撑高质量发展,加快形成以实现人与自然和谐共生现代化为导向的美丽中国建设新格局,筑牢中华民族伟大复兴的生态根基。

建设美丽中国的主要目标是:到 2027 年,绿色低碳发展深入推进,主要污染物排放总量持续减少,生态环境质量持续提升,国土空间开发保护格局得到优化,生态系统服务功能不断增强,城乡人居环境明显改善,国家生态安全有效保障,生态环境治理体系更加健全,形成一批实践样板,美丽中国建设成效显著。到 2035 年,广泛形成绿色生产生活方式,碳排放达峰后稳中有降,生态环境根本好转,国土空间开发保护新格局全面形成,生态系统多样性、稳定性、持续性显著提升,国家生态安全更加稳固,生态环境治理体系和治理能力现代化基本实现,美丽中国目标基本实现。展望 21 世纪中叶,生态文明全面提升,绿色发展方式和生活方式全面形成,重点领域实现深度脱碳,生态环境健康优美,生态环境治理体系和治理能力现代化全面实现,美丽中国全面建成。

美丽乡村建设是美丽中国建设的重要组成部分,其主要目标是:因地制宜推广浙江"千万工程"经验,统筹推动乡村生态振兴和农村人居环境整治。加快农业投入品减量增效技术集成创新和推广应用,加强农业废弃物资源化利用和废旧农膜分类处置，聚焦农业面源污染、突出区域强化系统治理。扎实推进农村厕所革命，有效治理农村生活污水、垃圾和黑臭水体。建立农村生态环境监测评价制度。科学推进乡村绿化美化，加强传统村落保护利用和乡村风貌引导。到2027年，美丽乡村整县建成比例达到40%；到2035年，美丽乡村基本建成。

第二节　重点任务

美丽中国建设的重点任务是：

持续深入推进污染防治攻坚。保持力度、延伸深度、拓展广度，持续深入打好蓝天、碧水、净土保卫战。统筹水资源、水环境、水生态治理，推进大江大河、重要湖泊、重点海域保护和综合治理。开展土壤污染源头防控行动。加快"无废城市"建设，实施新污染物治理行动。

加快发展方式绿色转型。优化国土空间开发保护格局，完善生态环境分区管控体系。有计划、分步骤实施碳达峰行动，加快规划建设新型能源体系，开展多领域多层次减污降碳协同创新试点，进一步发展全国碳市场。

提升生态系统多样性、稳定性、持续性。全面推进以国家公园为主体的自然保护地体系建设，加快实施重要生态系统保护和修复重大工程、生物多样性保护重大工程。强化生态保护修复统一监管，开展生态状况监测评估和生态保护修复成效评估，健全生态产品价值实现机制，推进重点生态功能区、生态保护红线、重要生态系统等保护补偿。

守牢美丽中国建设安全底线。着力提升国家生态安全风险研判评估、监测预警、应急应对和处置能力。

打造美丽中国建设示范样板。从区域、地方、社会三个层面，按照分阶段、分批次、滚动实施的原则，有序推进"美丽系列"建设行动。优先开展美丽中国先行区建设，聚焦京津冀、长江经济带、粤港澳大湾区、长三角地区、黄河流域等区域重大战略，先行先试形成一批示范样板。深入开展生态文明建设示范区和"绿水青山就是金山银山"实践创新基地创建，积极打造各美其美、美美与共的美丽城市、美丽乡村等。

开展美丽中国建设全民行动。培育弘扬生态文化，倡导简约适度、绿色低碳、文明健康的生活方式和消费模式，让绿色出行、节水节电、"光盘行动"、垃圾分类等成为习惯。持续开展"美丽中国，我是行动者"系列活动，充分发挥行业协会商会桥梁纽带作用和群团组织作用，推动形成人人、事事、时时、处处崇尚生态文明的社会氛围。

健全美丽中国建设保障体系。深化生态文明体制改革，实施最严格的生态环境治理制度。深化数字技术应用，构建美丽中国建设数字化治理体系。加快实施减污降碳协同、环境品质提升等工程。坚持人类命运共同体理念，共建清洁美丽世界。

美丽乡村建设是我国社会主义新农村建设的一个升级阶段，是改变农村资源利用模式，推动农村产业发展的需要；是提高农民收入水平，改善农民居住、完善公共服务设施配套和基础设施建设等改善农村生活环境的需要；是保障农民权益，民主管理，民生和谐的需要；是保护和传承文化，改善农村精神文明建设的需要；是提高农民素质和新技能，促进自身发展的需要。

美丽乡村建设的主要任务是：

完善乡村规划：在国土空间规划的指导下，编制完善县域城镇体系规划、乡镇总体规划、村庄建设规划，满足乡村建设与发展要求。

发展乡村经济：在区域国民经济和社会发展规划的指导下，加快发展乡村农业、工业、服务业等第三产业，为美丽乡村建设奠定坚实的经济基础。

加强乡村建设：加快配套建设村庄道路、桥梁、供水、排水、供电、通信、绿化、环卫、污水处理等基础设施。

保护生态环境：加强对农业、工业、生活等污染防治，保护森林、植被、河道等生态，搞好村庄环境综合整治。

搞好公共服务：完善乡村必要的公共教育、医疗卫生、文化体育、社会保障、公共安全、便民服务等设施，方便群众生产生活。

促进乡风文明：健全基层组织建设，提高公众参与、保障与监督水平，加强乡风文明建设。

建设美丽乡村要突出四个重点：

（1）把环境综合治理作为美丽乡村建设的切入点，找准问题症结，明确责任主体，完善制度机制。

（2）以公共服务设施建设为基础，要建设群众看得见、摸得着、用得到的公共基础设施，从而使得群众获得幸福感。公共基础设施建设要坚持资源整合、科学推进和发动社会参与。

（3）以特色主导产业为支撑，把农村产业发展作为美丽乡村建设的出发点和着力点，不断壮大传统产业，打造特色品牌，发展生态旅游产业，增加村集体收入。

（4）以崇德向善乡风民风为保障，把乡风文明建设作为美丽乡村建设的重要任务，引导农村群众践行社会主义核心价值观，讲文明、改陋习、树新风，营造秩序良好、健康淳朴、文明和谐的乡风民风。

第三节　现状分析

中华人民共和国成立以前，我国的乡村受传统的农耕文化影响，经济发展缓慢，乡村基础设施严重滞后，除住宅和必要的乡村道路外，供水、排水、供电、邮电等设施几乎是空白，乡村的住房建设也基本处于无序状态。

中华人民共和国成立后，中国共产党团结带领全国人民大力推进社会主义建设，乡村建设工作开始起步。党和政府重视乡村规划建设工作，20世纪50年代参照苏联模式着手部署乡村规划、指导乡村建设，并开始培育一批乡村建设示范点，乡村建设的"星星之火"在全国迅速燎原。

　　自 20 世纪 60 年代中期开始的十年，我国城乡建设处于基本停滞状态，这一时期我国乡村规划建设处于无政府状态，乡村建设速度缓慢，农村危旧房屋比比皆是，农村"脏、乱、差"现象随处可见，乡村人居环境状况不好。"晴天一身灰、雨天一身泥""天上落大雨、屋里下小雨""四代同堂、三代同房"等现象给这一代人留下了深刻的记忆。

　　党的十一届三中全会吹响了改革开放的号角，农村联产承包责任制的推行，给广大农村带来了勃勃生机。中国共产党团结带领全国人民实施了大规模的经济建设，着力解放和发展社会生产力，着力保障和改善民生，取得了前所未有的伟大成就。随着我国经济社会的迅速发展，人民生活水平不断提高，城乡规划建设工作重新提上了各级党委、政府的议事日程。

　　国家从抓乡村规划入手，指导农房和乡村基础设施建设，抓典型树榜样，促进乡村建设管理水平的提高。随着农村经济的迅猛发展，20 世纪八九十年代迎来了第一轮农村建房高潮。各地认真组织编制乡村规划，以规划指导乡村中的各项建设。除抓好乡村房屋建设外，乡村道路、供水、排水、供电、通信、绿化、环卫等基础设施建设同步展开，乡村建设呈现一派欣欣向荣景象。

　　根据住房和城乡建设部村镇建设统计年报，到 2000 年底，全国共有 4.55 万个乡镇、353.7 万个基层村；乡镇总人口 9.93 亿人，其中建制镇 1.23 亿人，集镇 0.58 亿人，村庄 8.12 亿人；当年投入村镇建设的总投资 2995 亿元；新建农村住宅面积 6.48 亿 m^2，年末实有住宅建筑面积 234.8 亿 m^2，人均住宅建筑面积 23.6m^2。建制镇年供水总量 87.7 亿 m^3，用水人口 0.99 亿人，供水普及率 80.7%，年末实有道路长度 21 万 km，公园绿地面积 3.71 万 hm^2，环卫专用车辆及设备 2.9 万辆，公共厕所 10.3 万座；乡集镇年供水总量 8.8 亿 m^3，用水人口 0.35 亿人，供水普及率 60.1%，年末实有道路长度 13.7 万 km，公园绿地面积 1.35 万 hm^2，环卫专用车辆及设备 0.68 万辆，公共厕所 5.86 万座。

进入 21 世纪，乡村建设随着经济社会的发展而发展，相关法律法规和标准规范不断完善，城乡建设齐头并进的格局基本形成。

在法制建设方面，1993 年，国务院颁布了《村庄和集镇规划建设管理条例》（国务院令第 116 号）；2008 年，《中华人民共和国城乡规划法》正式颁布实施；2021 年，全国人大常委会通过了《中华人民共和国乡村振兴促进法》。乡村规划建设工作逐步走上依法管理的轨道。

在乡村规划方面，大多数乡镇均组织编制了总体规划，有的还编制了镇区详细规划和村庄建设规划，以规划指导乡村建设。据统计，截至 2022 年底，全国建制镇共编制总体规划 16887 个，规划编制率 87.8%；乡集镇共编制总体规划 6026 个，规划编制率达 75.7%。无规划不得审批集镇规划区内项目建设的做法已逐步形成。

在乡村建设方面，以小城镇建设为龙头，集镇房屋和基础设施建设为重点，带动村庄内房屋和基础设施建设。在我国广大农村，现代化建设进程加快，新建房屋鳞次栉比，一条条硬化道路与各乡村相连，一排排绿树成荫，一座座村庄生机盎然……到处呈现一派社会主义新农村建设的新景象。

在各级党委、政府的领导下，通过广大人民群众和村镇建设工作者的共同努力，我国乡村建设工作成绩显著。根据《中国城乡建设统计年鉴》，截至 2022 年底，全国共有 27204 个乡镇、233.2 万个村庄；乡镇总人口 9.59 亿人，其中建制镇人口 1.66 亿人、集镇人口 0.21 亿人、村庄人口 7.72 亿人。当年新建住宅面积 7.79 亿 m^2，年末实有住宅建筑面积 342.7 亿 m^2，人均住宅建筑面积 35.7m^2。建制镇年供水总量 149.5 亿 m^3，用水人口 1.68 亿人，供水普及率 90.8%，年末实有道路长度 47.8 万 km，公园绿地面积 4.99 万 hm^2，环卫专用车辆及设备 11.5 万辆，公共厕所 12.6 万座；乡集镇年供水总量 12.8 亿 m^3，用水人口 0.17 亿人，供水普及率 84.7%，年末实有道路长度 8.9 万 km，公园绿地面积 0.37 万 hm²，环卫专用车辆及设备 2.70 万辆，公共厕所 3.56 万座。市政公用设施水平：建制镇人均日生活用水量 105L，供水普及率 90.8%，燃气普及率 59.16%，人均道路面积 17.21m²，污水处理率 64.86%，人均公园绿地面积 2.69m²，生活垃圾处理率 89.18%；乡集镇人均日生活用水量 99.46L，供水普及率 84.72%，燃气普及率 33.54%，人均道路面积 23.95m²，污水处理率 28.29%，人均公园绿地面积 1.82m²，生活垃圾处理率 82.99%。

通过多年的建设与发展，我国乡村面貌发生了巨大的变化。尤其是党的十八大以来，在以习近平同志为核心的党中央坚强领导下，经过全党全国各族人民共同努力，我国脱贫攻坚战取得了全面胜利，现行标准下 9899 万农村贫困人口全部脱贫，832 个贫困县全部摘帽，12.8 万个贫困村全部出列，区域性整体贫困得到解决，完成了消除绝对贫困的艰巨任务。脱贫攻坚战不仅让近亿农村人口摆脱贫困，而且有力地推动了社会主义新农村建设。在浙江省"千万工程"的带动下，绿水青山就是金山银山的理念更加深入人心，农村人居环境得到了有效整治。如今的乡村，天更蓝了，山更绿了，水更清了，环境更美了，生产生活更便利了，美丽乡村建设的典范更多了。

由于我国幅员辽阔，各地的经济社会发展情况各不相同，且乡村分布点多面广，因而在美丽乡村建设过程中也面临诸多亟待解决的问题。一是乡村规划的起点不够高，覆盖面不够广，指导性与约束性不够强，无规划和不按规划建设的现象屡见不鲜。二是对乡村住房建设的指导把关不够严格，设计施工品质不够高，占用土地较多，安全隐患不少，浪费较为严重，"有新房无新村"现象比较普遍。三是乡村基础设施建设滞后，建设资金渠道不畅，建设标准较低，配套建设跟不上，道路不平、路灯不明、供水不足、排水不畅、环境不美等问题在一些乡村仍比较严重。四是乡村规划建设管理不严，法律法规与村规民约的结合不够好，加上宅基地的调整难度较大，乡村规划实施难度较大；部分村庄内人畜混居、垃圾乱堆、污水横流，农村人居环境亟待改善。

我们要认清形势、了解现状、掌握政策、正视问题、解决困难、树立信心，全力推进美丽乡村建设，朝着全面建设社会主义现代化国家、实现中国式现代化而努力奋斗。

第四节　发展前景

党的十八大以来，以习近平同志为核心的党中央把生态文明建设摆在全局工作的突出位置，全方位、全地域、全过程加强生态环境保护，实现了由重点整治到系统治理、由被动应对到主动作为、由全球环境治理参与者到引领者、由实践探索到科学理论指导的重大转变，美丽中国建设迈出重大步伐。

当前，我国经济社会发展已进入加快绿色化、低碳化的高质量发展阶段，生态文明建设仍处于压力叠加、负重前行的关键期，生态环境保护结构性、根源性、趋势性压力尚未根本缓解，经济社会发展绿色转型内生动力不足，生态环境质量稳中向好的基础还不牢固，部分区域生态系统退化趋势尚未根本扭转，美丽中国建设任务依然艰巨。新征程上，必须把美丽中国建设摆在强国建设、民族复兴的突出位置，保持加强生态文明建设的战略定力，坚定不移走生产发展、生活富裕、生态良好的文明发展道路，建设天蓝、地绿、水清的美好家园。

美丽中国建设是实现中华民族伟大复兴中国梦的重要内容，美丽乡村建设发展前景十分广阔。

（1）有党中央、国务院的高度重视和坚强领导。习近平总书记多次强调美丽中国建设，党的十九大、二十大报告中明确提出建设美丽中国目标，2023 年 12 月又以中共中央、国务院名义下发了《中共中央 国务院关于全面推进美丽中国建设的意见》。党中央、国务院高位推动，为美丽中国、美丽乡村建设指明了方向。

（2）有各级党委、政府强有力的领导和推动。近年来，各级党委政府将"三农"工作摆上了重要议程，党政主要领导亲自抓、亲自过问，制定相关政策措施，并抓好落实。为美丽乡村建设创造了良好环境。

（3）有巨大的发展空间。目前我国仍属于发展中国家，经济基础比较薄弱，城乡差别依然存在，乡村建设"欠账"较多。美丽乡村建设的工作任务巨大，有很大的发展空间。

（4）已探索和积累了一定的经验。自党的十九大确定全面实施乡村振兴战略以来，各地通过不懈努力，乡村振兴已取得明显成效，美丽乡村建设典范不断涌现，并积累了不少宝贵经验，为全面推进美丽乡村建设树立了榜样。

（5）有广大人民群众的积极参与。美丽中国建设表达了广大人民群众的迫切心愿，美丽乡村建设不仅受到广大乡村干部群众的积极支持，也受到了全国人民的极大关注。建设美丽乡村，离不开广大人民群众的参与，大家心往一处想、劲往一处使，美丽乡村建设的目标才能实现。

《中共中央　国务院关于全面推进美丽中国建设的意见》中描绘的美丽中国前景是：到 21 世纪中叶，生态文明全面提升，绿色发展方式和生活方式全面形成，重点领域实现深度脱碳，生态环境健康优美，生态环境治理体系和治理能力现代化全面实现，美丽中国全面建成。到那时，我国广大乡村将成为美丽画卷中的宜居地、绿色发展的资源地、现代农业的生产地、和谐社会的金土地。

第二章　美丽乡村规划编制

规划是乡村建设和管理的"龙头"。美丽乡村建设必须在国土空间规划、区域城镇体系规划、镇规划、乡规划、村庄规划的指导下进行。中华人民共和国成立以来，党和政府高度重视城乡规划工作，形成了一系列完整的乡村规划体系。美丽乡村规划必须按照有关标准规范组织编制，并按照依法批准的规划组织实施。

第一节　规划指引

规划是建设和发展的蓝图。美丽乡村建设必须服从规划、以规划为指引。规划包括国民经济和社会发展规划、美丽中国建设规划、国土空间规划、城镇体系规划、集镇规划、村庄规划等。

各地在制定国民经济和社会发展"十四五"规划和2035年远景目标时，均对美丽中国、美丽乡村的建设提出了目标和要求。美丽乡村建设将依据制定的规划逐步实施。

2024年中央一号文件《中共中央 国务院关于学习运用"千村示范、万村整治"工程经验有力有效推进乡村全面振兴的意见》指出："增强乡村规划引领效能。适应乡村人口变化趋势，优化村庄布局、产业结构、公共服务配置。强化县域国土空间规划对城镇、村庄、产业园区等空间布局的统筹。分类编制村庄规划，可单独编制，也可以乡镇或若干村庄为单元编制，不需要编制的可在县乡级国土空间规划中明确通则式管理规定。加强村庄规划编制实效性、可操作性和执行约束力，强化乡村空间设计和风貌管控。"

实践充分证明，规划指引对美丽乡村建设起着重要的指导作用。国民经济和社会发展规划，是一个地区的综合性发展规划，会对美丽中国、美丽乡村建设作出宏观部署；为有针对性地实施美丽中国建设，一些地方会组织编制专门的美丽中国建设规划；国土空间规划，是区域内对城镇、村庄、产业园区等空间布局的统筹；市、县域城镇体系规划，将对区域内的集镇与村庄布局作出统一的安排；集镇规划、村庄规划，进一步明确了集镇与村庄的建设与发展方向。无论是浙江省"千万工程"经验还是各地美丽乡村建设的范例，无一不说明规划的重要性，规划对美丽乡村建设具有较强的引领作用。

要按照"先规划、后许可、再建设"的要求严格实施乡村规划设计。在乡村规划编制过程中，应明确乡村风貌管控要求，结合地形地貌和聚落特征，按照乡村类型，对自然风貌、空间格局风貌、道路风貌、重要节点风貌、绿化风貌、环境设施风貌和建筑风貌进行控制和引导。

国家标准《美丽乡村建设指南》GB/T 32000—2015，在总则中明确：规划先行，统筹兼顾，生产、生活、生态和谐发展。美丽乡村建设将在相关规划的指导下具体实施。

第二节　国土空间规划

国土空间规划是国家空间发展的指南、可持续发展的空间蓝图，是各类开发保护建设活动的基本依据。建立国土空间规划体系并监督实施，将主体功能区规划、土地利用规划、城乡规划等空间规划融合为统一的国土空间规划，实现"多规合一"，强化国土空间规划对各专项规划的指导约束作用，是党中央、国务院作出的重大部署。

国土空间规划是对一定区域国土空间开发保护在空间和时间上作出的安排，包括总体规划、详细规划和相关专项规划。国土空间规划要求体现战略性，提高科学性，加强协调性，注重操作性。国家、省、市、县编制国土空间总体规划，各地结合实际编制乡镇国土空间规划。在城镇开发边界外的乡村地区，以一个或几个行政村为单元，由乡镇政府组织编制"多规合一"的实用性村庄规划。

2023年9月，国务院批复了《江西省国土空间规划（2021—2035年）》，指出：《江西省国土空间规划（2021—2035年）》是江西省空间发展的指南、可持续发展的空间蓝图，是各类开发保护建设活动的基本依据，请认真组织实施。江西省承东启西，地处长江中下游，是支撑中部地区崛起、长江经济带发展等国家战略实施的重要地区。《江西省国土空间规划（2021—2035年）》实施要坚持以习近平新时代中国特色社会主义思想为指导，全面贯彻落实党的二十大精神，完整、准确、全面贯彻新发展理念，坚持以人民为中心，统筹发展和安全，促进人与自然和谐共生，高标准建设美丽中国"江西样板"。构建支撑新发展格局的国土空间体系。深入实施区域协调发展战略、区域重大战略、主体功能区战略、新型城镇化战略和乡村振兴战略，促进形成主体功能明显、优势互补、高质量发展的国土空间开发保护新格局。完善赣东南、赣西北、赣西南等对外开放通道网络，协同推进长江经济带高质量发展，深度对接长三角一体化发展和粤港澳大湾区建设，谱写江西现代化建设新篇章。系统优化国土空间开发保护格局。发挥区域比较优势，优化主体功能定位，细化主体功能区划分，完善差别化支持政策。巩固鄱阳湖平原、赣抚平原、吉泰盆地等粮食生产基地，发挥绿色生态资源优势，建设绿色有机农产品示范基地，分类分区优化村庄布局，促进乡村振兴。

江西省自然资源厅印发的《乡镇国土空间总体规划编制技术指南》，要求乡镇国土空间规划主要编制内容：一是基础研究，对现行空间类规划的实施成效进行评估；二是目标定位（含发展定位、人口规模、控制指标）；三是全域国土空间规划（含生态空间、农业空间、城镇空间、用地结构和布局优化）；四是自然资源保护与利用（含土地资源、水资源、湿地资源、森林资源、矿产资源）；五是国土综合整治与生态修复（含国土综合整治、国土空间生态修复）；六是产业发展规划（发展方向、产业布局、用地保障）；七是品质提升与特色塑造（含综合交通、公共服务设施、市政基础设施、绿地水系、综合防灾减灾、历史文化保护、风貌特色）；八是镇（乡）村体系布局（含镇村结构、村庄规划指引）；九是镇区（集镇）规划（含用地布局、重要控制线管控、建设管控、综合交通、市政工程、公共服务设施、综合防灾等）。

　　乡镇国土空间总体规划成果由规划文本、图件、数据库、附件构成。规划文本包括规划总则、目标定位、全域国土空间格局、国土综合整治与生态修复、镇（乡）村体系布局、镇区（集镇）规划、规划实施引导等强制性内容，并附有主要目标、控制指标及近期重点项目等汇总表；规划图件包括必选图件（国土空间现状图、国土空间规划图、国土空间用途管制分区图、国土综合整治与生态修复规划图、"三区三线"划定图、综合交通规划图、镇村体系结构图、近期重点项目布局图、集镇用地规划图、集镇"四线"划定图、集镇综合交通规划图等），可选图件（区位图、遥感影像图、生态安全格局现状和规划图、空间结构规划图、产业布局规划图、公共服务设施规划图、市政基础设施规划图、历史文化遗产保护规划图、综合防灾规划图、旅游发展规划图、集镇开发强度分区图等）；规划数据库包括基础空间数据和属性数据；附件包括对规划文本、图件的补充解释（规划说明、编制情况说明、专家论证意见及修改说明、公众和有关部门意见及采纳情况等）。

　　"多规合一"实用性村庄规划成果由文本、图件、村庄规划数据库、附件组成。（1）文本包括总则、基本内容、选做内容、村庄规划管理公约、附表等。村庄规划管理公约应结合当地现有村规民约规定及行文风格，将规划中的管制要求提炼，形成村庄规划的村规民约内容建议。内容应包括管控要求，如生态环境保护、耕地和永久基本农田保护、村庄建设边界与宅基地管理、村庄安全和防灾减灾等。特色保护类村庄还应对历史文化保护等提出管理公约。村庄规划管理公约应做到"行文易懂、内容好记、管理可行"。附表包括内容目标表、国土空间结构调整表、近期建设项目表等。（2）图件包括基本内容图件，如村域综合现状图、村域综合规划图、国土空间用途管制图、生态保护修复与国土综合整治规划图、安全和防灾减灾规划图、自然村总平面图；选做内容图件，如产业规划图、道路交通规划图、公共服务设施规划图、基础设施规划图、近期建设规划图、集体经营性建设用地规划管控图、户型选择图等。各级历史文化名村、传统村落保护（发展）规划图件要求执行相关保护（发展）规划有关编制要求。（3）村庄规划数据库。（4）附件包括村民意见征集材料、会议纪要、部门意见、专家论证意见、村民参与村庄规划的相关记录材料等。

建立国土空间规划体系，当然也包括编制乡镇国土空间总体规划和"多规合一"实用性村庄规划，且这部分工作点多面广，需投入大量的人财物力。目前这项工作已全面铺开，并取得了较好成绩。

各地在组织编制实施国土空间规划时，也对美丽中国、美丽乡村建设作出安排。

第三节　体系规划

体系规划是合理配置区域内空间资源、优化城乡空间布局、统筹基础设施和公共设施建设的基本依据，是引导区域内城乡发展、指导下层次规划编制的公共政策。

体系规划按层次可分为省域城镇体系规划、市域城镇体系规划、县域村镇体系规划和乡镇域镇村体系规划。

省域城镇体系规划由省级人民政府负责组织编制，报国务院审批。其主要内容包括：明确全省城乡发展的总体要求，明确资源利用与生态环境保护的目标、要求和措施，明确省域城乡空间和规模控制要求，明确与城乡空间布局相协调的区域综合交通体系，明确城乡基础设施支撑体系，明确空间开发管制要求，明确对下层次城乡规划编制的要求，明确规划实施的政策措施。

市域城镇体系规划由市级人民政府负责组织编制，报省级人民政府审批。其主要内容与省域城镇体系规划大致相同，其区域为市管辖的所有区、县行政区域范围。

县域村镇体系规划由县级人民政府组织编制，报市级人民政府审批。其主要内容包括：综合评价县域的发展条件；制定县域城乡统筹发展战略，确定县域产业发展空间布局；预测县域人口规模，确定城镇化战略；划定县域空间管制分区，确定空间管制策略；确定县域村镇体系布局，明确重点发展的中心镇；制定重点城镇与重点区域的发展战略；确定村庄布局基本原则和分类管理策略；统筹配置区域基础设施和社会公共服务设施，制定专项规划；制定近期发展规划，确定分阶段实施规划的目标及重点；提出实施规划的措施和有关建议。

乡镇域镇村体系规划由乡镇人民政府组织编制，报县级人民政府审批。其主要内容包括：调查镇区和村庄的现状，分析其资源和环境等发展条件，预测第一、第二、第三产业的发展前景以及劳力和人口的流向趋势；落实镇区规划人口规模，划定镇区用地规划发展的控制范围；根据产业发展和生活提高的要求，确定中心村和基层村，结合村民意愿，提出村庄的建设调整设想；确定镇域内主要道路交通、公用工程设施、公共服务设施以及生态环境、历史文化保护、防灾减灾系统。

据了解，全国绝大部分省（自治区）已完成省域城镇体系规划的编制与报批；大部分城市已完成市域城镇体系规划的编制与报批；绝大部分县已完成县域村镇体系规划的编制与报批；大部分乡镇已完成乡镇域镇村体系规划的编制与报批。

体系规划的重点内容包括区域内集镇与村庄的布局、发展方向，因而在许多体系规划尤其是近年新编制的体系规划中，对美丽乡村建设提出了要求。

第四节　集镇规划

集镇，是指乡、民族乡人民政府所在地和经县级人民政府确认由集市发展而成的作为农村一定区域经济、文化和生活服务中心的非建制镇。

建制镇，是指国家按行政建制设立的镇。

集镇规划可分为集镇总体规划和集镇建设规划。集镇规划应当依照《镇规划标准》GB 50188—2007、由乡镇人民政府组织编制，报县级人民政府审批。

集镇总体规划的主要内容包括：乡（镇）行政区域内的集镇、村庄布点，集镇和村庄的位置、性质、规模和发展方向，集镇和村庄的交通、供水、供电、邮电、商业、绿化等生产和生活服务设施的配置。

集镇建设规划的主要内容包括：住宅、乡（镇）村企业、乡（镇）村公共设施、公益事业等各项建设的用地布点、用地规模、有关技术经济指标，近期建设工程以及重点地段建设具体安排。

集镇规划的编制应当遵循以下原则：

一是根据国民经济和社会发展规划，结合当地经济发展的现状和要求，以及自然环境、资源条件和历史情况等，统筹兼顾，综合部署集镇的各项建设；二是处理好近期建设与远景发展、改造与新建的关系，使集镇的性质和建设的规模、速度和标准，同经济发展和农民生活水平相适应；三是合理用地，节约用地，各项建设应相对集中，充分利用原有建设用地，新建、扩建工程及住宅尽量不占用耕地和林地；四是有利生产，方便生活，合理安排住宅、乡（镇）企业、公共设施和公益事业等建设布局，促进农村各项事业协调发展，并适当留有发展余地；

五是保护和改善生态环境，防治污染和其他公害，加强绿化和村容镇貌、环境卫生建设。

集镇总体规划的成果应当包括图纸与文字资料两部分。图纸应当包括：乡（镇）域现状分析图、集镇总体规划图；文字资料应当包括：规划文本、经批准的规划纲要、规划说明书、基础资料汇编。

集镇建设规划的成果应当包括图纸与文字资料两部分。图纸应当包括：镇区现状分析图、镇区建设规划图、镇区工程规划图、镇区近期建设规划图；文字资料应当包括规划文本、说明书、基础资料三部分。

建制镇规划编制应当依照《镇规划标准》GB 50188—2007进行。由镇人民政府组织编制，报县级人民政府审批。镇区人口规模应以县域城镇体系规划预测的数据为依据，结合镇区具体情况进行核定；镇用地应按土地使用的主要性质划分为居住用地、公用设施用地、生产设施用地、仓储用地、对外交通用地、道路广场用地、工程设施用地、绿地、水域和其他用地9大类30小类；道路交通规划应包括镇区内部的道路交通、镇域内镇区和村庄之间的道路交通以及对外交通的规划；公用工程设施规划主要包括给水、排水、供电、通信、燃气、供热、工程管线综合和用地竖向规划；防灾减灾规划主要包括消防、防洪、抗震救灾和防灾减灾的规划；环境规划主要包括生产污染防治、环境卫生、环境绿化和景观的规划。建制镇除编制总体规划外，还应编制近期建设规划和镇区控制性详细规划。

集镇规划对当地美丽乡村建设具有直接的指导作用。

第五节　村庄规划

村庄，是指农村村民居住和从事各种生产的聚居点。

村庄规划由乡（镇）人民政府组织编制，报县级人民政府审批。一般只编制村庄建设规划，村庄总体规划包含在建制镇或集镇总体规划中，不另行编制。

村庄建设规划是对村庄现状及未来发展进行空间布局，综合安排各项建设，方便村民生产生活。村庄建设规划要尊重村民意愿，深入调查研究，坚持问题导向，突出村庄特色，体现公平透明。

村庄建设规划的主要内容，可以根据本地区经济发展水平，参照集镇建设规划的编制内容，主要对村民住房、公共服务设施、基础设施、绿化、环境卫生、防灾减灾等作出具体安排，提出用地与建设规模、风格、色彩等控制性和指导性要求。村庄建设规划可以在建制镇或集镇总体规划批准后逐步编制。

村庄建设规划的成果可以参照集镇建设规划成果并根据需要适当简化，但最少不得少于村庄现状分析图、村庄建设规划图、村庄近期建设规划图和村庄规划说明书这"三图一书"。

2005 年党的十六届三中全会作出"建设社会主义新农村"决定后，在建设部的大力推动下，村庄整治工作在全国范围内展开。

2019 年，住房和城乡建设部重新发布了《村庄整治技术标准》GB/T 50445—2019。该标准指出，村庄整治应符合下列基本原则：

（1）因地制宜、有序推进。根据村庄当地经济社会发展水平、农民生产方式与生活习惯，结合村庄人口经济发展的长期趋势，科学制定村庄整治年度计划。优先整治贫困村以及村民最急需、农村最基本的设施和相关项目。

（2）注重保护、留住乡愁。保护村庄自然生态环境和历史文化遗产，传承和弘扬传统文化，重塑乡村原生态的农耕文明关系。

（3）村民主体、激发动力。尊重村民意愿，保障村民权益，宜通过政府帮扶、村民自主参与、社会力量介入相结合的形式，建立各方共谋、共建、共管、共评、共享机制，共同推进乡村人居环境的整治提升。

村庄整治规划，应立足现有条件及设施，以公共设施与公共环境整治、改善为主要内容，提出村庄整治工作的技术要求、实施建议与行动计划，提供符合村庄整治实施要求的主要技术文件。村庄整治规划成果应达到"两图三表一书"的要求，即：现状图、整治布局图；主要指标表、投资估算表、实施计划表；说明书。

《美丽乡村建设指南》GB/T 32000—2015 明确：根据乡村资源禀赋，因地制宜编制村庄规划，注重传统文化的保护和传承，维护乡村风貌，突出地域特色。

村庄规模较大、情况较复杂时，宜编制经济可行的村庄整治等专项规划。历史文化名村和传统村落应编制历史文化名村保护规划和传统村落保护发展规划。

村庄规划编制应深入农户实地调查，充分征求意见，并宣讲规划意图和规划内容。村庄规划应经村民会议或村民代表会议讨论通过，规划总平面图及相关内容应在村庄显著位置公示，经批准后公布、实施。

村庄规划应符合土地利用总体规划，做好与镇域规划、经济社会发展规划和各项专业规划的协调衔接，科学区分生产生活区域，功能布局合理、安全、宜居、美观、和谐，配套完善。结合地形地貌、山体、水系等自然环境条件，科学布局，处理好山形、水体、道路、建筑的关系。

村庄规划应科学、合理、统筹配置土地，依法使用土地，不得占用基本农田，慎用山坡地。公共活动场所的规划与布局应充分利用闲置土地、现有建筑及设施等。

编制规划应以需求和问题为导向，综合评价村庄的发展条件，提出村庄建设与治理、产业发展和村庄管理的总体要求。统筹村民建房、村庄整治改造，并进行规划设计，包含建筑的平面改造和立面整饰。确定村民活动、文体教育、医疗卫生、社会福利等公共服务和管理设施的用地布局和建设要求。确定村域道路、供水、排水、供电、通信等各项基础设施配置和建设要求，包括布局、管线走向、敷设方式等。确定农业及其他生产经营设施用地。确定生态环境保护目标、要求和措施，确定垃圾、污水收集处理设施和公厕等环境卫生设施的配置和建设要求。确定村庄防灾减灾的要求，做好村级避灾场所建设规划；对处于山体滑坡、崩塌、地陷、地裂、泥石流、山洪冲沟等地质隐患地段的农村居民点，应经相关程序确定搬迁方案。确定村庄传统民居、历史建筑物与构筑物、古树名木等人文景观的保护与利用措施。

规划图文表达应简明扼要、平实直观。

村庄规划是美丽乡村建设的蓝图。建设美丽乡村离不开乡村规划的指导。

第三章 美丽乡村建设内容

美丽乡村建设的主要内容包括房屋建设（含住房、公共建筑、生产性建筑）、农村危房改造、基础设施建设（含道路、桥梁、供水、排水、供电、通信）、环境建设（含绿化、美化、环境卫生、污水处理）、防灾减灾（含防洪、防火、防风沙、防地震）等。充分了解美丽乡村建设内容，才能更准确地指导乡村的各项建设活动。

第一节 房屋建设

乡村房屋建设是美丽乡村建设的重要内容。房屋建设是否美观、经济、适用、安全，直接体现了广大农村全面建成小康社会的水平。房屋建设既要符合规划、节约用地，又要经久耐用、适应功能要求；科学设计、精心施工、控制造价、确保质量安全是关键。

（一）住房建设

住房建设是美丽乡村建设中的"重头戏"。"小康不小康，关键看住房"。改革开放以来，我国广大农村面貌发生了翻天覆地的变化，尤其是住房。绝大多数农户告别了低矮潮湿的旧房，住进了宽敞明亮的新房，生产、生活条件得到了很大的改善。随着脱贫攻坚战的胜利、小康社会的全面建成，人民生活水平的不断提高，广大农民对美好生活需求越来越高，农民新建、改（扩）建住房的愿望仍势不可挡。

我国乡村的住房建设大体上可分为三种类型：

（1）纯住宅型。这种类型的房屋在功能上只考虑居住，一般为 2～3 层，一层为厅堂、厨房、卫生间、杂物间等，二至三层为卧室、仓储室、卫生间等，大多为独幢的砖混结构，也有兄弟姐妹合建的（共墙），条件允许时一般都围有几十平方米的院子。

（2）商住合一型。这种类型的房屋建造时通常会考虑一层主要用于开店或办小型加工场所，辅助设施有厨房、卫生间；二层、三层为卧室、仓储室、卫生间等，大多为独幢（或连体）的砖混结构。

（3）多层单元式住房。这种类型的房屋一般出现在集镇或城市（县城）规划区内的村庄，包括商品房、原单位自建住房等，用地性质既有国有土地，也有集体土地，房屋的设计和建造与城市（县城）住宅基本相同。

《中华人民共和国城乡规划法》《中华人民共和国土地管理法》规定：在镇规划区内建房必须符合规划，依法办理《建设用地规划许可证》《建设工程规划许可证》，办理建设用地审批手续；在乡村规划区内建房也必须符合规划，依法办理《乡村建设规划许可证》，办理建房用地（宅基地）审批（或登记）手续。

《中华人民共和国乡村振兴促进法》明确：国家建立健全农村住房建设质量安全管理制度和相关技术标准体系，建立农村低收入群体安全住房保障机制。建设农村住房应当避让灾害易发区域，符合抗震、防洪等基本安全要求。县级以上地方人民政府应当加强农村住房建设管理和服务，强化新建农村住房规划管控，严格禁止违法占用耕地建房；鼓励农村住房设计体现地域、民族和乡土特色，鼓励农村住房建设采用新型建造技术和绿色建材，引导农民建设功能现代、结构安全、成本经济、绿色环保、与乡村环境相协调的宜居住房。

乡村住房建设应做到"先设计、后施工"。在集镇或村庄建多层单元式住房应委托设计单位进行房屋的设计，并对施工图进行审查，然后通过招标等形式委托建筑施工队伍施工，同时依法办理质量（安全）监督、施工许可等手续，竣工经验收合格后方可交付使用；建设纯住宅型或商住合一型房屋，提倡委托设计或选用《农村住宅通用图集》中的通用设计图，然后聘请施工队伍或农村个体工匠施工，在乡镇村镇建设管理人员的指导下注重施工质量和安全，竣工后建议请相关专业人员参与验收，以便放心入住。

为节约用地、保护耕地，农村建住房应尽可能使用原有宅基地，或选用荒地、空闲地，不占或少占农田；宅基地面积应根据各地实际从严控制。新房建成并入住后，旧房应主动拆除。

随着经济社会的发展和生活水平的提高，农房建设标准也有了较大的提高，除考虑安全性、经济性、舒适性外，不少建房户对房屋外观、节能环保、建筑装饰材料等提出了较高要求，从事乡村建设工作的同志应加强学习、更新观念、掌握政策，为农村建房提供规范高效、热情周到的服务。

为加强农房建设风貌引导、规范农房设计、完善农房功能，提高农村居住水平和农房建设质量，在组织调研和充分尊重群众意愿基础上，2021年12月，江西省住房和城乡建设厅发布《江西省农房设计和建设技术导则》，摘录如下：

农房建设及农房改造坚持安全、适用、经济、美观的原则；坚持可持续发展原则，节约用地、注重生态环境保护和建筑节能；紧密结合农民群众生产、生活需求及居住习惯，采用经济合理的建筑材料和建造技术。

农村建房应严格履行报批程序。乡镇人民政府或街办依据县级自然资源、农业农村等部门审核结果对农民宅基地建房申请进行审批。农户作为农村自建房的安全责任主体，在房屋开工建设、竣工验收、使用及维护中应提高安全意识，及时发现并消除房屋安全隐患，未经许可不得擅自改建、扩建。家庭普通装修，不可过多增加荷重，不可削弱房屋结构与受力构件。

农村新建住房，混凝土框架结构、底部框架上部砌体结构和特别不规则结构房屋应委托具有专业资质（执业资格）的设计单位（设计人员）出图方可建设；其他结构类型房屋可委托建筑设计单位或者专业技术人员进行设计并出具施工图，也可选用各地住房和城乡建设部门提供的农村住房设计通用图集。

对既有农房进行改建、扩建及加层等建设前应委托有资格的鉴定单位对原结构进行鉴定，提出安全建议。当确定需要加固改造时应委托有相关资质的设计单位和施工队伍进行设计和施工，竣工后应由当地镇（乡）政府组织专业技术人员进行验收，验收合格后方可使用。既有农房改造应按照住房和城乡建设部印发的《农村住房安全性鉴定技术导则》要求进行安全性鉴定，确保房屋安全的条件下满足改造要求。传统农房改造要保留地域、民族特点和地方特色，对具有传统建筑风貌和历史文化价值的住宅、祠堂等应进行重点保护和修缮。

农房应结合各项基础设施建设，加强水源地保护和农村饮水安全，确立防洪、防火、防疫、防污染、减灾的公共安全体系。农房宅基地的面积标准按照现行的《中华人民共和国土地管理法》执行：占用宅基地和村内空闲地的，每户不得超过 $180m^2$；占用耕地的，每户不得超过 $120m^2$；因地形条件限制、居住分散而占用荒山、荒坡的，每户不得超过 $240m^2$。

农房建设应依据村庄规划，结合农村当地地域特征，尊重当地风俗习惯，做到与周边自然环境和谐共生。农房建设应以人为本，提升农民居住生活水平，从设计、施工和使用维护全过程综合提升农房建筑质量，延长农房使用寿命，增强农房建筑防震减灾和防火能力。农房设计应符合现行国家标准《农村防火规范》GB 50039、《美丽乡村建设指南》GB/T 32000 和现行行业标准《镇（乡）村建筑抗震技术规程》JGJ 161 等有关标准规定；三层农房结构应按现行国家标准《建筑抗震设计规范（2016 年版）》GB 50011 等相关规范进行设计；三层以上农房及公共建筑应严格按照国家和省现行相关标准进行设计并严格履行基本建设程序。

农房建设应结合当地气候特点和用能实际进行建筑节能设

计，优先选用墙体保温与结构一体化等新型建筑保温体系。农房建设应根据给水排水、电气和燃气等管线布置要求，为相关设备预留安装位置，确保设备系统功能有效、运行安全和维修方便。农房建设应结合当地农村经济发展状况和建筑全寿命周期的资源消耗，使用绿色建材，节约建设使用及维护成本。

（二）公共建筑

乡村中的公共建筑应根据国家相关政策、当地人口规模、经济和社会发展情况而布局，并在乡村规划中对其作出合理的安排。乡村公共建筑种类主要有：教学、医疗、保健、办公、金融、商业、科技、文化、旅游、娱乐、社会福利设施等。

教学设施遍及各乡镇及部分中心村、基层村。乡镇政府所在地一般都建有中心小学、初级中学，人口较多且具有带动辐射能力的集镇设有高中部，中心村设有完全小学，个别较偏远的山村还保留了初小。还有幼儿园等学前教育。教学设施的建设按照国家有关规范、由县级教育部门组织实施，一般需经发改部门立项审批、财政部门安排建设资金、自然资源部门规划选址用地审批、住房和城乡建设部门指导工程设计、抗震防灾（消防）、招标投标、建筑质量安全、竣工验收备案、建设档案保管等环节。近些年国家加大了对教育设施建设与改造的力度，农村教学点的危房基本消除，但各项基建活动仍将根据需要而长期进行。

医疗设施的完善是建设健康中国的重要保证。近年来传染性疾病、突发性公共卫生事件敲响了乡村医疗事业的警钟，"十四五"时期我国将加大投入，完善乡村医疗设施，配套建设或改造乡镇卫生院，普及村卫生所或医疗点，着力解决农（居）民的"看病难、看病贵"问题，实现"病有所医"目标。乡村医疗设施建设由县级卫生健康部门组织实施，基本建设程序与教育设施雷同。在经济较发达和有条件的乡镇，近年来保健设施悄然兴起，大多为民办，也有的乡镇卫生院开办保健所，旨在提高人民的健康水平。

办公设施泛指乡镇政府和"七站八所"、村（居）委会等办公场所的建设，应严格按照国家控制楼堂馆所建设的总体要求，严格遵守基本建设程序和相关建设标准，服从乡村规划和土地管理，搞好建筑设计，注重工程质量与安全。

乡村金融、科技、文化等设施建设主要由上级行业主管部门安排，采取新建、改（扩）建或者租赁等形式。这类设施主要分布在乡镇政府所在地，近年来随着"三下乡"活动的深入开展开始向村庄延伸。

乡村商业、旅游、娱乐等设施建设以社会资金投资为主，政府投资为辅，科学规划、精心设计、强化施工管理、确保质量安全是前提，其建设不仅能促进当地经济发展、改善群众生活环境，而且能提升乡村建设的档次，改变村容镇貌。这些设施的建设同样需要服从乡村规划管理，且设计理念新颖，设施适度超前，具有现代乡村气息。

乡村社会福利设施包括敬老院、孤儿院、残疾人康复院等。随着我国人口老年化和乡村城市化进程的加快，这类设施建设得到了各级政府的重视，也成为民间投资的新热点。总的建设原则是"因地制宜、完善功能、注重质量、服务社会"，根据当地经济社会发展水平，以乡镇为单位统一规划建设，注重社会效益，体现时代进步。

乡村公共建筑的主要特点有综合性、多功能性、群众性、地方性、经济性等，应特别注重设计、施工质量。其设计必须符合规划要求，满足各项目不同的功能，设施设置完整，结构安全可靠，并应注重地方特色和民族风格，与周边环境相协调。施工应委托具有相应资质的建筑队伍，遵守建筑管理的各项规定，确保质量安全。

（三）生产性建筑

乡村生产性建筑是指用以从事农、工、副业生产的各种建筑物和构筑物。包括工业生产建筑、仓储建筑、饲养类建筑、生态建筑和农业建筑等。

乡村生产性建筑与住房、公用建筑相比，在设计原则、建筑用料和建筑技术等方面有许多共同点，但由于其生产工艺的特殊要求，又具有自身的综合性、多功能性、季节性、灵活性、经济性等特点。如厂房建筑应符合生产工艺的要求，内部大多为大空间，外墙开窗洞口较大，抗震要求较高；仓储建筑要求保温、隔热、防潮、大容积，近年来快速发展的冷链物流业，其冷库等设施大部分建在乡村；生态建筑要求节能、环保，充分利用太阳能；等。在设计过程中除严格遵守相关规范外，还应结合当地实际，就地取材选用建筑材料以及施工队伍，降低工程造价，缩短建设工期。

美丽乡村建设中的工业、农业、仓储等设施应紧紧围绕当地国民经济和社会发展规划进行，"宜工则工、宜农则农"，防止出现"村村点火、户户冒烟"现象，严格规划与用地用途管制，注重生态环境的保护，不得以破坏生态、牺牲环境为代价。

第二节 农村危房改造

改革开放后我国广大农民的住房条件得到了极大的改善，但贫富差距依然存在，特别是贫困地区的农民，许多仍居住在危旧房中。随着国家脱贫攻坚力度的加大，实施农村危房改造、解决贫困农民的住房困难问题提上了各级党委、政府的议事日程。通过认真的调查研究，在2008年贵州省试点的基础上，国家有关部门决定自2009年起在全国实施农村危房改造。

农村危房改造实施的主要责任单位为各级住房和城乡建设部门。农村危房改造的对象起先是国家扶贫重点县和集中连片特困县居住在农村中C级、D级危房的困难户，优先安排特困户、低保户，后扩大到建档立卡贫困户。操作程序为：先由县级住房和城乡建设部门会同乡镇政府对农村住房情况进行调查摸底，并组织专业人员对危房进行鉴定，登记造册，录入住房和城乡建设部"农村危房改造信息系统"；再由国家相关部门下达农村危房改造年度计划，下拨建房补助资金；然后由省级有关部门制定农村危房改造实施方案、配套补助资金，并将计划与补助资金下达给有关县（市、区），由县级住房和城乡建设部门会同有关部门和乡镇政府组织实施；最后由省、市、县组织验收组进行验收，验收合格后农户方可搬迁入住。

实施农村危房改造，采取"国家财政补助一点、省市县财政配套一点、农户自筹一点"的办法，帮助农村住房困难户新建或维修改造住房，逐年消除农村危房，改善农村住房条件，是国家住房保障的一项重要内容，也是脱贫攻坚的一项重要举措，深得人心。据统计，截至 2020 年底，中央累计投入2805.72 亿元补助资金，支持 2869.4 万户农村贫困户改造危房，数千万农村贫困人口住上了安全房。

帮助住房最危险、经济最贫困农户解决最基本的安全住房，是农村危房改造始终坚持的基本原则。2016 年，住房和城乡建设部牵头印发了《住房城乡建设部 财政部 国务院扶贫办关于加强建档立卡贫困户等重点对象危房改造工作的指导意见》，把 4 类重点对象放在农村危房改造优先位置，以保障其住房安全为目标。为实现贫困户的精准管理，住房和城乡建设部组织实行"一户一档"农村危房改造农户档案管理制度，批准一户、建档一户，农户档案录入农村危房改造信息系统中。

2018 年，为进一步规范农村危房改造工程建设与验收、保障农村危房改造基本安全，住房和城乡建设部印发了《农村危房改造基本安全技术导则》，为农村危房改造基本安全划出底线，并要求各地在参照执行的同时，结合实际细化，针对不同结构类型农房，制定既能保证安全又不盲目提高建设标准的地方标准，切实让农村困难群众住得安全又不增加负担。

按照党中央、国务院的部署，在住房和城乡建设部及相关部门的合力推动下，十多年来，农村危房改造进展顺利，取得了显著成效，数千万贫困农民告别原来的破旧危房，住上了基本安全房。很多地方结合农村危房改造同步开展抗震、节能、人畜分离和改厕等改造，改善基础设施、公共服务设施，不但提高了居住舒适度，而且改善了农村人居环境。此外，农村危房改造还发挥了拉动内需、带动相关产业发展和扩大就业的积极效应，累计拉动直接投资 1 万多亿元，创造了 50 多亿工日就业。

2024 年中央一号文件《中共中 央国务院关于学习运用"千村示范、万村整治"工程经验有力有效推进乡村全面振兴的意见》中再次明确：继续实施农村危房改造。

第三节　基础设施建设

乡村基础设施是乡村赖以生存和发展的重要基础条件。在美丽乡村建设过程中，应高度重视乡村基础设施建设，逐步完善乡村道路桥梁、供电供水、燃气供热、邮电通信、公共设施等基础设施，为美丽乡村创造良好的人居环境。

（一）道路桥梁

乡村道路是乡村重要的基础设施。广义的乡村道路包括连接城乡的公路，本书所述的乡村道路指集镇、村庄规划区内的公共道路。

集镇规划区内的道路可分为主干路、干路、支路、巷路四级。主干路的红线宽度为 24～36m，道路间距应大于或等于 500m；干路的红线宽度为 16～24m，道路间距为 250～500m；支路的红线宽度为 10～14m，道路间距为 120～300m；巷路的道路间距为 60～150m。

连接工厂、仓库、车站、码头、货场等以货运为主的道路不应穿越镇区的中心地段；文体娱乐、商业服务等大型公共建筑出入口处应设置人流、车辆集散场地；商业、文化、服务设施集中的地段，可布置为商业步行街，根据集散要求应设置停车场地、紧急疏散出口；人行道宜设置无障碍设施。

集镇道路可根据当地经济社会发展水平采用水泥混凝土路面、沥青混凝土路面、块石路面、砂石路面等形式。应按照"先地下、后地上"的原则埋设排水管道、污水管道以及电缆等管路，主干路、干路应设置人行道并配套绿化、环卫、路灯照明等设施。镇域内的道路系统应与公路、铁路、水运等对外交通相互协调连通。

村庄道路可分为主要道路、次要道路和宅间道路三个层次。

主要道路是将村内各条道路与村口连接起来的道路，解决村庄内部各种车辆的对外交通，路面宽度不宜小于4m，路面两侧可设置路缘石，考虑边沟排水，边沟可采用暗排形式，或采用球状砌片石、浆砌片石、混凝土预制块等明排形式。主要道路路基路面应具有足够的承载力和稳定性。路面铺装一般可采用沥青混凝土路面、水泥混凝土路面、块石路面等形式。村主干道建设应进出畅通，路面硬化率力争达100%。村主干道应设置道路交通标志，村口应设村名标识；历史文化名村、传统村落、特色景观旅游景点应设置指示牌。

次要道路是村庄内各区域与主要道路的连接道路，主要供小汽车、农用小型机动车及畜力车通行，其交通量及车辆荷载较小。路面宽度不宜小于2.5m；路面宽度为单车道时，可根据实际情况设置错车道；路面铺装应重点考虑经济、环保、和谐等因素，因地制宜采用沥青混凝土、水泥混凝土、石材、预制混凝土方砖、砂石等路面。

宅间道路是村民房前屋后与次要道路的连接道路，是村民生活、生产的必经之路，宅间道路承担的交通量最小，仅供非机动车及行人通行，路面宽度不宜大于2.5m。路面铺装可因地制宜采用水泥混凝土、石材、预制混凝土方砖、透水砖、砂石等路面。

中心村和有条件的基层村，应考虑在村庄道路旁安装一定数量的路灯照明，并使用节能灯具。

乡村桥梁建设应做到安全美观，与周围环境相协调，体现地域风格。保护古桥，增加护栏等措施，并设置安全设施和警示标志。

新建和改（扩）建乡村道路桥梁应严格按规划进行。过去由于没有规划或规划执行不够好，许多地方乡村路网结构不合理，路不平不直、路面过窄、缺乏排水设施，不利于生产生活。在美丽乡村建设中，乡村道路桥梁建设是一项主要内容，任务比较艰巨。

（二）供电供水

经过大规模的农村电网改造，目前乡村供电基本上都由国家电网统一规划和管理，此前的农村小水电、风力发电、太阳能发电等也逐步与国家电网并网。

乡村供电应科学预测用电负荷，确定供电电源、电压等级、供电线路和供电设施。供电负荷的计算应包括生产和公共设施用电、居民生活用电等。用电负荷可采用现状年人均综合用电指标乘以增长率进行预测。电网电压等级宜定为 110kV、66kV、35kV、10kV 和 380V/220V，采用其中 2～3 级和两个变压层次。电网规划应明确分层分区的供电范围。

供电线路设置：架空电力线路应根据地形、地貌特点和网络规划，沿道路、河渠和绿化带架设，路径宜短捷、顺直，并减少同道路、河流、铁路的交叉；设置 35kV 及以上高压架空电力线路应规划专用线路走廊，并不得穿越镇区、文物保护区、风景名胜区和危险品仓库等地段；镇区的中、低压架空电力线路应同杆架设，有条件的宜采用埋地敷设电缆；电力线路之间应减少交叉、跨越，并不得对弱电产生干扰；变电站出线宜将工业线路和农业线路分开设置。重要工程设施、医疗单位、用电大户和救灾中心应设专用线路供电，并应设置备用电源。

乡村供水工程大多由当地政府组织实施。以往乡村供水一般由乡镇人民政府通过财政投入、争取上级补助资金、招商引资、合作入股或个人投资等形式，在集镇建设集中供水设施，并向集镇和部分村庄供水。随着城乡一体化进程的加快，近年来一些地方大力推进城乡供水一体化管理，即由较大的供水公司获取城乡供水特许经营权后，统一规划建设城乡自来水厂及供水管网系统，将自来水供应向乡镇和村庄延伸。

乡村集中式供水应主要包括确定用水量、水质标准、水源及卫生防护、水质净化、给水设施、管网布置；用水量应包括生活、生产、消防、浇洒道路和绿化用水量，管网漏水量和未预见水量。生产用水量应包括工业用水量、农业服务设施用水量；管网漏失水量及未预见水量可按最高日用水量的15%～25%计算。

乡村分散式供水主要包括确定用水量、水质标准、水源及卫生防护、取水设施。

人均综合用水量指标：镇区 150～350L/（人·d），镇区外 120～260L/（人·d）；居住建筑生活用水量指标：镇区 100～200L/（人·d），镇区外 80～160L/（人·d）。

生活饮用水的水质应符合现行国家标准《生活饮用水卫生标准》GB 5749 的有关规定。供水水源的选择应做到：水量充足，水质符合使用要求；便于水源卫生防护；生活饮用水、取水、净水、输配水设施应做到安全、经济和具备施工条件；选择地下水作为给水水源时，不得超量开采；选择地表水作为给水水源时，其枯水期的保证率不得低于 90%；水资源匮乏的乡镇应设置天然降水的收集贮存设施。

供水管网系统的布置和干管的走向应与供水的主要流向一致，并应以最短距离向用户供水。供水干管最不利点的最小服务水头，单层建筑物可按 10～15m 计算，建筑物每增加一层应增压 3m。

2022 年 4 月，水利部、财政部、国家乡村振兴局联合印发了《关于支持巩固拓展农村供水脱贫攻坚成果的通知》。该通知指出：农村供水工程是农村重要的基础设施，涉及全部农村人口，是一项重大民生工程。党中央、国务院高度重视农村供水工作，经过多年推进，截至 2021 年底，全国共建成农村供水工程 827 万处，农村自来水普及率达到 84%，农村供水取得了突出成效。该通知要求：守住农村供水安全底线；脱贫地区要用好涉农资金统筹整合政策，依法依规利用农村供水工程维修养护补助资金等水利发展资金，做好农村小型水源和供水工程维修养护工作；明确中央财政衔接推进乡村振兴补助资金用于支持补齐必要的农村供水基础设施短板；建立长效投入机制，强化农村供水工程建设和管理，提升农村供水保障水平，巩固拓展农村供水脱贫攻坚成果。

2024 年中央一号文件要求：完善农村供水工程体系，有条件的推进城乡供水一体化、集中供水规模化，暂不具备条件的加强小型供水工程规范化建设改造，加强专业化管护，深入实施农村供水水质提升专项行动。推进农村电网巩固提升工程。推动农村分布式新能源发展，加强重点村镇新能源汽车充换电设施规划建设。

（三）燃气供热

随着我国对外开放的深入和"西气东输"工程的实施，城乡生活燃气普及率大幅度提高，过去只有部分大城市才用得上的民用天然气近年来不仅快速进入了城市、县城，而且进入了部分集镇和村庄，优质的燃料和低廉的价格深受广大用户的欢迎。

在美丽乡村建设过程中，燃气事业发展提上了议事日程，气源种类、供气方式、供气规模、供气范围、管网布置和供气设施成为乡村规划建设中的一项重要内容。

尽管供应天然气的范围已扩大到输气管网周边的集镇和村庄，但由于村庄居民住房的分散，在选择燃气气源时要因地制宜，合理选用天然气、人工煤气、液化石油气、农村沼气、农作物秸秆制气等，不能搞"一刀切"。

为确保安全，目前城乡液化石油气储配站大多建在农村，其选址必须符合现行国家标准《城镇燃气规划规范》GB/T 51098、《城镇燃气设计规范（2020年版）》GB 50028等，不应对乡村规划建设造成影响。

液化石油气供应基地按其功能可分为储存站、储配站和灌装站。其规模应依据供应用户类别、户数和用气量指标等因素确定。液化石油气供应基地的布局应符合规划的要求，且应远离城市居住区、村镇、学校、影剧院、体育馆等人员集聚的场所。站址宜选择在所在地区全年最小频率风向的上风侧，且应是地势平坦、开阔、不易积存液化石油气的地段。同时，应避开地震带、地基沉陷和废弃矿井等地段。

天然气、人工煤气输配系统一般由门站、燃气管网、储气设施、调压设施、管理设施、监控系统等组成。燃气输配系统设计应符合规划，在可行性研究的基础上，做到远、近期结合，以近期为主，并经技术经济比较后确定合理的方案。中压和低压燃气管道宜采用聚乙烯管、机械接口球墨铸铁管、钢管或钢骨架聚乙烯塑料复合管。地下燃气管道埋设的最小覆土厚度（路面至管顶）应符合以下要求：埋设在机动车道下时，不得小于0.9m；埋设在非机动车车道（含人行道）下时，不得小于0.6m；埋设在机动车不可能到达的地方时，不得小于0.3m；埋设在水田下时，不得小于0.8m。燃气调压器、燃气表、燃烧器具等，应根据使用燃气类别及其特性、安装条件、工作压力和用户要求等因素选择。燃气用具连接部位可采用软管连接，软管与家用燃具连接时，其长度不应超过2m，并不得有接口。软管与管道、燃具的连接处应采用压紧螺母（锁母）或管卡（喉箍）固定。在软管的上游与硬管的连接处应设阀门。橡胶软管不得穿墙、顶棚、地面、窗和门。居民生活用燃气灶、燃气热水器的安装应符合现行行业标准《家用燃气燃烧器具安装及验收规程》CJJ 12的规定。使用瓶装液化石油气的用户，其钢瓶应按国家有关规定定期到专业检测单位进行检测。

选用沼气或农作物秸秆制气应根据原料与产气量,确定供应范围,并应做好沼水、沼渣的综合利用。

燃气工程的设计、施工,应当由持有相应资质证书的设计、施工单位承担,并应当符合国家有关技术标准和规范。燃气工程施工实行工程质量监督制度。燃气工程竣工后,应当由建设主管部门组织有关部门验收;未经验收或者验收不合格的,不得投入使用。

燃气供应企业应当建立燃气用户档案,与用户签订供气用气合同,明确双方的权利和义务。燃气的气质和压力应当符合国家规定的标准。保证安全稳定供气,不得无故停止供气。燃气供应企业必须制定有关安全使用规则,宣传安全使用常识,对用户进行安全使用燃气的指导。

在我国北方冬季有供热传统的乡村,应按照国家有关标准做好供热工程的规划,并组织实施集中或分散式供热工程。

供热工程规划应根据供暖地区的经济和能源状况,充分考虑热能的综合利用,确定供热方式。能源消耗较多时可采用集中供热;一般地区可采用分散供热,并可预留集中供热的管线位置。日照充足的地区可采用太阳能供热;冬季需供暖、夏季需降温的地区根据水文地质条件可设置地源热泵系统。

随着人民生活水平的提高,北方地区乡村集中供热工程逐步得以实施,农村环境质量随之也逐步提高。

2017年9月,住房城乡建设部、国家发展改革委、财政部、国家能源局下发了《住房城乡建设部 国家发展改革委 财政部 能源局关于推进北方供暖地区城镇清洁供暖的指导意见》,指出:推进北方地区冬季清洁取暖是中央提出的一项重要战略部署,对保障人民群众温暖过冬,改善大气环境具有重要现实意义。经过多年发展,我国北方供暖地区城镇已基本形成以集中供暖为主,多种供暖方式为补充的格局,但还存在热源供给不足、清洁热源比重偏低、供暖能耗偏高等问题,不利于保障群众的供暖需求和减少污染物排放。为加快推进北方供暖地区城镇清洁供暖，提出以下意见：

一是规划引领。科学编制北方供暖地区城镇供热专项规划，制定规划目标，明确技术路线，完善保障措施，统筹安排热源、热网、热用户等各环节的规划内容，合理布局设施建设；二是重点推进。重点地区推进"煤改气""煤改电"及可再生能源供暖工作，减少散煤供暖，加快推进"禁煤区"建设。其他地区要进一步发展清洁燃煤集中供暖等多种清洁供暖方式，加快替代散烧煤供暖，提高清洁供暖水平；三是因地制宜。各地区要根据经济发展水平、群众承受能力、资源能源状况等条件，科学选择清洁供暖方式，加快燃煤供暖清洁化，因地制宜推进天然气、电供暖，在可再生能源资源富集的地区，鼓励优先利用可再生能源等清洁能源，满足取暖需求；四是企业为主。各地要加强对清洁供暖工作的引导和指导，加强统筹协调，制定完善支持政策。发挥企业主体作用，引入市场机制，鼓励和引导社会资本投资建设运营供暖设施。

（四）邮电通信

乡村邮电通信包括电信、网络、邮政、广播、电视等，是美丽乡村的重要基础设施，其特点是由相关行业统一规划、建设和管理。

乡村邮政局（所）址的选择应利于邮件运输、方便用户使用。一般在乡镇政府所在地的集镇均设有邮政所（邮政储蓄银行），在较偏远的中心村设有邮政代办点。

电信工程规划应包括确定用户数量、局（所）位置、发展规模和管线布置。电信局（所）的选址宜设在环境安全和交通方便的地段；通信线路应根据发展状况确定，宜采用埋地管道敷设；电话用户预测应在现状基础上，结合当地的经济社会发展需求，确定电话用户普及率（部／百人）；电信线路应避开易受洪水淹没、河岸塌陷、土坡塌方以及有严重污染的地区，应便于架设、巡查和检修，宜设在电力线走向的道路另一侧；广播、电视、网络线路应与电信线路统筹规划。

为规范邮电通信工程的设计，工业和信息化部发布了《通信线路工程设计规范》YD 5102—2010、邮电部发布了《邮电通信电源设备安装设计规范》YDJ 1—1989 等行业标准，强调邮电通信工程设计必须贯彻独立自主、自力更生、艰苦奋斗、勤俭建国的方针，坚持人民邮电方向，加速实现邮电通信现代化。设计应与邮电发展规划相适应，总体方案、设备容量等近期建设规模应与远期发展相结合；设计应做到切合实际、技术先进、经济合理、安全适用，应进行多方案技术经济比较，降低工程造价和维护成本。

由于乡村邮电通信设施与乡村建设密不可分，因此在编制乡镇国土空间规划和村镇规划时，应充分考虑邮电通信设施的规划建设，防止乡村道路的无序开挖、地面和地下管线布局混乱等现象的发生。

随着移动、联通、电信等移动通信的发展，网络通信已覆盖我国广大城乡，传统的农村广播、电视、通信、固定电话等已被数字传输技术所代替，美丽乡村建设也应适应新形势、瞄准新目标。

（五）公共设施

公共设施按其使用性质可分为行政管理、教育机构、文体科技、医疗保健、商业金融和集贸市场六类。

乡村公共设施具有以下特点：一是综合性。由于其建设规模较小、性质相近且联系紧密，可以将其合并建设、综合使用，力求共建共享。二是多功能性。由于集镇和村庄中的居住人口不多，部分公共建筑如行政管理、文体科技、医疗保健等可以进行多功能使用。三是群众性。乡村公共设施主要服务于当地居民，在使用要求和使用特点上应体现"以人为本"的原则，要符合当地居民的生活习惯。四是地方性。乡村公共设施应根据各地自然环境、经济社会发展水平和生活习俗等因素来确定其建筑风格，避免"千镇一面、千村一色"，缺乏地方特色。五是经济性。乡村公共设施应在满足其使用功能的前提下，尽量充分利用地方材料，采用地方先进施工工艺，力争降低工程造价，经济适用。

乡镇政府办公场所、村（居）委会等行政管理设施宜选择在当地居民办事方便的地方，其建设标准必须符合国家有关规定且与当地经济社会发展水平相适应，以体现便民亲民的原则，不得借机大搞"楼堂馆所"建设；乡村教育机构的设置应符合当地义务教育发展规划，合理布点，设施适度超前，以体现"百年大计、教育为本"的原则；乡村文体科技设施应在政府的引导和帮助下，充分发挥社会资本的积极性，逐步进行配套完善，以满足人们对美好生活的基本需求；乡村医疗保健设施是"健康中国建设"的基本保障，按照"十四五"规划和2035年远景目标，我国的基层公共卫生体系必须进一步强化，除规划建设好乡镇中心卫生院外，村庄、社区医疗卫生服务设施也应进一步完善，敬老院、康复院等保健设施同步推进；乡村商业金融设施以"便民生、促发展"为原则，除传统商业金融外，要积极引导网络经济、快递业务等在乡村中加快发展；集贸设施应有利于人流和商品的集散，不得占用公路、主要干道、车站、码头、桥头等交通量大的地段，应考虑当地传统的集市贸易习惯安排好大集时临时或永久性场地，新建集贸市场应符合《乡镇集贸市场规划设计标准》CJJ/T 87—2020 的有关规定。

随着乡村道路网的形成和机动车数量的迅速增加，作为公共设施之一的停车场建设也已被列入美丽乡村建设行动中。在编制乡镇国土空间规划时，应规划停车场的位置并留有发展余地；在美丽乡村建设中，应配套建设公共停车场。

第四节　环境建设

美丽乡村环境建设要牢固树立"绿水青山就是金山银山"

的理念，高度重视区域内的"大环境"与村镇内的"小环境"。本书重点介绍村镇规划区内的环境建设。

（一）园林绿化

美丽乡村建设离不开园林绿化及景观设施。

乡村绿化应根据地形地貌、现状绿化的特点和生态环境建设的要求，结合用地布局，统一安排公共绿地、防护绿地、各类用地中的附属绿地，以及集镇、村庄周围环境的绿化，形成绿地系统。

公共绿地包括集镇和村庄内的小公园、小游园、街区公共绿地，以及路旁、水旁宽度大于5m的绿带，公共绿地在建设用地中的比例一般为6%～10%。

防护绿地应根据卫生和安全防护功能的要求，规划布置水源保护区防护绿地、工矿企业防护绿带、养殖业的卫生隔离带、铁路和公路防护绿带、高压电力线路走廊绿化和防风林带等。

公共绿地之外的各类用地中的附属绿地宜结合建筑、道路和其他设施布置的要求，采取多种绿地形式。对乡村生态环境质量、居民休闲生活、景观和生物多样性保护有影响的邻近地域，包括水源保护区、自然保护区、风景名胜区、文物保护区、观光农业区、垃圾填埋场地应统筹进行环境绿化规划。

在集镇和村庄内栽植树木花草应结合绿地功能选择适于本地生长的品种，并根据其根系、高度、生长特点等，确定与建筑物、工程设施以及地面上下管线间的栽植距离。

集镇和村庄中的景观设施，应充分运用地形地貌、山川河湖等自然条件，以及历史形成的物质基础和人文特征，结合现状建设条件和居民审美需求，创造优美、清新、自然、和谐、富有地方特色和时代特征的生活和工作环境，体现其协调性和整体性。应结合自然环境、传统风格、创造富于变化的空间布局，突出地方特色；与建筑物、构筑物、工程设施的群体和个体的形象、风格、比例、尺度、色彩等应相互协调；标志的设置应规范化；杆线和灯具、广告和标语、绿化和小品，应力求形式简洁、色彩和谐、易于识别。

（二）环境卫生

随着乡村城市化进程的加快，乡村环境卫生工作越来越受到了人们的重视，各地开展的美丽乡村建设行动中对村庄的整治和乡村环境卫生设施建设提出了新的要求。在乡村中普遍要求设置环卫设施，对生活垃圾推行"村庄收集、乡镇运输、县（市）处理"模式；在各集镇和村庄设立垃圾箱（池）、中转站、运输车辆，并配有专职或兼职环境卫生管理人员，打扫公共道路、广场、绿地、集贸市场等卫生，清理和运输垃圾，基本实现"日产日清"；农村厕所革命行动的开展，不仅推广普及水冲厕所进入各家各户，而且有条件的地方还要求建设水冲式公厕。

乡村环境卫生应符合现行国家标准《村镇规划卫生规范》GB 18055 的有关规定。垃圾转运站宜设置在靠近服务区域的中心或垃圾产量集中和交通方便的地方，生活垃圾日产量可按每人 $1.0 \sim 1.2$ kg 计算。镇区应设置垃圾收集容器（垃圾箱），每一收集容器（垃圾箱）的服务半径宜为 $50 \sim 80$ m；镇区垃圾应逐步实现分类收集、封闭运输、无害化处理和资源化利用。居民粪便的处理应符合现行国家标准《粪便无害化卫生要求》GB 7959 的有关规定。镇区主要街道两侧、公共设施以及市场、公园和旅游景点等人群密集场所宜设置节水型公共厕所。镇区应设置环卫站，其规划占地面积可根据规划人口每万人 $0.10 \sim 0.15$hm^2 计算。

（三）污水处理

乡村中的污水主要有生产污水和生活污水。对工业相对集中发达的乡村，应单独建设工业污水处理设施，集中处理工业污水。

乡村污水处理设施的建设，要因地制宜、量力而行，以粪污分流、雨污分流为原则，综合人口分布、污水水量、经济发展水平、环境特点、气候条件、地理状况，以及现有的排水体制、排水管网等确定生活污水收集与处理模式。

村庄应根据村落和农户的分布，采用集中处理或分散处理、集中与分散处理相结合的方式，建设污水处理系统并定期维护，生活污水处理农户覆盖率大于或等于70%。

乡村污水处理可采用建设小型污水处理厂，采取厌氧、好氧、生物、填料、膜、一体化等处理方式进行污水处理。近年来随着环保技术的开发应用，农村小型污水处理技术日臻完善。经处理后的污水应达到国家规定的排放标准。

近年来，生态环境部会同水利部、农业农村部等部门印发了《关于推进农村黑臭水体治理工作的指导意见》，并制定了《农村黑臭水体治理工作指南》，有效地推动了各地开展农村黑臭水体治理。

第五节　防灾减灾

防灾减灾是美丽乡村建设中的一项重要内容。灾害发生的原因可分为自然灾害和人为灾害。自然灾害对人类活动造成的破坏是难以避免的，但在掌握大自然的客观规律后，采取防灾减灾措施可以最大限度地减少财产损失和人员伤亡，将受损降至最低程度。

火灾除极个别由火山喷发而引起的外大多属人为灾害，且发生的频率较高，尤其是老旧村庄大量的木结构房屋加上蜘蛛网般的电线，极易引发火灾。对火灾事故的预防应贯彻"预防为主、安全第一"的方针，从规划、设计、施工到使用全过程绷紧消防安全这根"弦"，严格按《建筑设计防火规范（2018年版）》GB 50016等国家标准进行。要结合村庄整治排除火灾隐患，增强农（居）民的消防意识，按规定建设村镇消防站，配备专职或兼职人员和必要的灭火器材，加强巡回检查。一旦发生火灾应立即组织灭火与抢救，将损失减小到最低程度。

洪涝灾害虽属自然灾害但受到诸多人为因素的影响，人们在改造自然的过程中对生态环境的破坏也会引发洪涝灾害的发生。洪涝灾害的防治应与当地江河流域、农田水利建设、水土保持、绿化造林等相结合，统一整治河道，修建堤坝、滞洪区等防洪措施，同时整治村镇排水设施体系，确保村镇区域内能够迅速排涝。在村镇防洪中，应设置洪灾救援系统，包括医疗救护、物资储备和报警装置等设施。

地震灾害属于自然灾害，应根据《中国地震动参数区划图》GB 18306—2015，确定抗震设防区及设防等级。在乡村新建建筑物、构筑物和工程设施，应按《建筑工程抗震设防分类标准》GB 50223—2008 的有关规定设防；应组织对乡村现有建筑物、构筑物和工程设施进行鉴定，对不符合抗震要求的工程进行改造或加固，无加固价值的应进行拆除或翻建。有条件的村镇应设置抗震设防指挥机构并布置必要的疏散场所。

风灾同样属于自然灾害。对于易受风灾的地区，乡村建设用地选址应避开风口、风沙面袭击和袋形谷地等易受灾害地段，建筑物宜成组成片布置，在乡村的迎风方向栽种紧密型的防护林；易受台风袭击的乡村，宜修建抵御风暴潮冲击的防浪堤坎。

雷击也属于一种自然灾害。在我国南方的广大农村，由于雨水较多，雷击现象比较频繁，不仅损毁建筑，而且会造成人畜伤亡。为减少和避免雷击带来的生命财产损失，乡村新建建筑应按国家标准《建筑物防雷设计规范》GB 50057—2010 等的有关规定进行防雷设计、施工与验收，对易受雷击地区的老旧建筑宜进行防雷技术改造，同时应宣传普及防雷常识。

第四章　美丽乡村建设管理

"三分建设、七分管理"，在美丽乡村建设中管理工作十分重要。只有强化管理，才能确保乡村规划的实施、乡村建设的有序进行、乡村基础设施发挥作用。美丽乡村建设管理必须依法依规进行，充分发挥村民自治作用，专业管理队伍与兼职管理人员相结合。队伍建设、规划（土地）管理、房屋建设管理、基础设施管理、村庄整治、农村厕所革命是美丽乡村建设管理的重要措施。

第一节　队伍建设

开展美丽乡村建设，必须要有一支政治坚定、作风过硬、业务熟悉、全心全意为群众服务的基层干部队伍。

乡镇党的委员会和行政村党组织是党在农村的基层组织，是党在农村全部工作和战斗力的基础，全面领导乡镇、村的各类组织和各项工作，必须按照《中国共产党农村基层组织工作条例》设置。

乡镇自然资源所、村镇建设所等机构一般为县级主管部门的派出机构，接受上级主管部门和乡镇政府的双重领导，承担着美丽乡村建设的具体工作任务。由于历史原因，这"两所"的机构设置、人员编制各不相同，在2018年机构改革前，乡村土地管理所大多归县级国土资源局管，人员有行政编制或事业编制；而村镇建设所大多归乡镇政府管，少数归县级建设局管，人员有事业编也有企业编甚至无编制。2018年机构改革后，许多地方将这"两所"合并成一所，即自然资源所，人员编制则采取"老人老办法、新人新办法"。为适应乡村振兴战略、实施美丽乡村建设，建议有关部门在调查研究的基础上，采取必要措施，理顺管理体制，重视和加强基层管理干部队伍的建设。一是要妥善解决好队伍的编制、经费等问题，解除他们的后顾之忧；二是要对新人严把"入口"关，按照《中华人民共和国公务员法》《事业单位人事管理条例》（国务院令第652号）等公开招聘乡镇管理干部；三是要加强基层干部的培训教育，提高他们的政治与业务素质；四是要培养他们勤奋务实的工作作风，全心全意为乡村群众服务。

在村民自治的基础上，有条件的地方可在村委会或村民理事会中设村镇建设协管员，配合乡镇管理机构承担美丽乡村建设的具体工作。

在队伍建设过程中要建立完善规章制度，明确各岗位职责，依法依规加强基层干部队伍管理。

第二节 规划（土地）管理

在美丽乡村建设过程中，规划与建设用地管理是其中重要的一环。

乡镇国土空间规划和村镇规划编制完成后，能否严格按规划实施乡村中的各项建设活动是规划管理工作的基本职责。

《中华人民共和国城乡规划法》明确：任何单位和个人都应当遵守经依法批准并公布的城乡规划，服从规划管理；镇的建设和发展，应当结合农村经济社会发展和产业结构调整，优先安排供水、排水、供电、供气、道路、通信、广播电视等基础设施和学校、卫生院、文化站、幼儿园、福利院等公共服务设施的建设，为周边农村提供服务；乡、村庄的建设和发展，应当因地制宜、节约用地，发挥村民自治组织的作用，引导村民合理进行建设，改善农村生产、生活条件。在镇规划区内的建设项目，应依法办理《选址意见书》《建设用地规划许可证》和《建设工程规划许可证》；在乡、村庄规划区内进行乡镇企业、乡村公共设施和公益事业建设的，建设单位或者个人应当向乡、镇人民政府提出申请，核发《乡村建设规划许可证》；在乡、村庄规划区内使用原有宅基地进行农村村民住宅建设的规划管理办法，由省、自治区、直辖市制定。

《中华人民共和国土地管理法》规定：乡镇企业、乡（镇）村公共设施、公益事业、农村村民住宅等乡（镇）村建设，应当按照村庄和集镇规划，合理布局，综合开发，配套建设；建设用地，应当符合乡土地利用总体规划和土地利用年度计划，并依法办理审批手续。

2021 年 7 月公布的《中华人民共和国土地管理法实施条例》，紧密结合国土空间规划，对乡村建设用地的管理作出了更加具体的规定。

首先是要求编制国土空间规划，强调国家建立国土空间规划体系，已经编制国土空间规划的，不再编制土地利用总体规划和城乡规划；其次是明确建设项目需要使用土地的，应当符合国土空间规划、土地利用年度计划和用途管制以及节约资源、保护生态环境的要求，并严格执行建设用地标准，优先使用存量建设用地，提高建设用地使用效率；第三是做好农用地转用，规定在国土空间规划确定的城市和村庄、集镇建设用地范围内，为实施该规划而将农用地转为建设用地的，由市、县人民政府组织自然资源等部门拟订农用地转用方案，分批次报有批准权的人民政府批准。建设项目批准、核准前或者备案前后，由自然资源主管部门对建设项目用地事项进行审查，提出建设项目用地预审意见。建设项目需要申请核发选址意见书的，应当合并办理建设项目用地预审与核发选址意见书；第四是规范宅基地管理，要求农村居民点布局和建设用地规模应当遵循节约集约、因地制宜的原则合理规划。乡（镇）、县、市国土空间规划和村庄规划应当统筹考虑农村村民生产、生活需求，突出节约集约用地导向，科学划定宅基地范围。规定农村村民申请宅基地的，应当以户为单位向农村集体经济组织提出申请；没有设立农村集体经济组织的，应当向所在的村民小组或者村民委员会提出申请。宅基地申请依法经农村村民集体讨论通过并在本集体范围内公示后，报乡（镇）人民政府审核批准。涉及占用农用地的，应当依法办理农用地转用审批手续。允许进城落户的农村村民依法自愿有偿退出宅基地，禁止违背农村村民意愿强制流转宅基地，禁止违法收回农村村民依法取得的宅基地，禁止以退出宅基地作为农村村民进城落户的条件，禁止强迫农村村民搬迁退出宅基地；第五是规范集体经营性建设用地管理，鼓励乡村重点产业和项目使用集体经营性建设用地。国土空间规划确定为工业、商业等经营性用途，且已依法办理土地所有权登记的集体经营性建设用地，土地所有权人可以通过出让、出租等方式交由单位或者个人在一定年限内有偿使用。土地所有权人拟出让、出租集体经营性建设用地的，市、县人民政府自然资源主管部门应当依据国土空间规划提出拟出让、出租的集体经营性建设用地的规划条件，明确土地界址、面积、用途和开发建设强度等。

根据《中华人民共和国城乡规划法》《中华人民共和国土地管理法》等相关法律法规，在美丽乡村建设中规划和土地管理的基本程序为：

（一）在建制镇规划区内的建设项目

（1）建设单位或者个人向县级自然资源（规划）主管部门或乡（镇）人民政府提出申请；

（2）由乡（镇）人民政府初审，符合国土空间规划和建制镇规划的，报县级自然资源（规划）主管部门；

（3）由县级自然资源主管部门进行建设用地预审，核发建设项目用地预审与《选址意见书》；

（4）由县级自然资源（规划）主管部门提出建设用地规划条件，符合规划的，核发《建设用地规划许可证》；

（5）经县级以上自然资源主管部门批准，建设单位或个人依法取得该建设项目用地使用权；

（6）由县级自然资源（规划）主管部门审查，符合相关法律法规的，核发《建设工程规划许可证》；

（7）项目开工前，由县或乡（镇）自然资源（规划）主管部门派员现场放线、验槽；

（8）项目竣工后，由县级自然资源（规划）主管部门组织规划验收。

（二）乡镇企业、乡村公共设施和公益事业建设项目

（1）建设单位或者个人向乡（镇）人民政府提出申请；

（2）由乡（镇）人民政府初审，符合国土空间规划和村镇规划的，报县级自然资源（规划）主管部门；

（3）由县级自然资源主管部门进行建设用地预审，核发建设项目用地预审与《选址意见书》；

（4）由县级自然资源（规划）主管部门提出建设用地规划条件，建设单位或个人依法取得该建设用地使用权（包括国有土地和集体经营性建设用地）；

（5）由县级自然资源（规划）主管部门或乡（镇）人民政府审查，符合相关法律法规的，核发《乡村建设规划许可证》；

（6）项目开工前，由县或乡（镇）自然资源（规划）主管部门派员现场放线、验槽；

（7）项目竣工后，由县或乡（镇）自然资源（规划）主管部门组织规划验收。

（三）在集镇、村庄内的农村村民住房建设

（1）由村民向村级集体经济组织或者村民委员会提出建房申请，经村民会议讨论通过并在本集体范围内公示；

（2）需要使用耕地的，经乡（镇）人民政府审核、县级自然资源主管部门审查，符合国土空间规划和村镇规划的，核发选址意见书；经县级人民政府批准，取得建房用地；

（3）使用原有宅基地、村内空闲地和其他土地的，由乡（镇）人民政府根据国土空间规划和村镇规划批准；

（4）由乡（镇）人民政府核发《乡村建设规划许可证》；

（5）由乡（镇）自然资源（规划）部门派员查验宅基地，并督促其按规划建房。

为提高基层政府的服务水平，近些年绝大多数乡镇政府均设立了政务服务中心，集中受理单位和个人建房的规划与用地申请，大大方便了基层群众。

第三节 房屋建设管理

乡村房屋建设管理是美丽乡村建设的一项重要内容。乡村房屋建设包括乡镇企业、乡村公共设施、公益事业所属建筑和村民住房。

在完成规划和用地审批手续后，乡镇企业、乡村公共设施和公益事业建筑，应委托勘察设计单位对建设地点进行勘察、对房屋建筑进行设计。

地质勘察是新建厂房等大中型建筑的重要基础工作，通过科学的勘察，能及时掌握建设地点的地质构造情况，避免地基的不均匀沉降和地质灾害发生，为建（构）筑物的设计提供翔实的地下基础资料。建筑设计是根据拟建建筑物的规模、性质和用途，按照国家有关标准、规范和强制性条文，进行建筑物的整体、单体、平面、立面、剖面及局部设计，为建筑物的施工和运行管理提供设计依据。

乡镇企业的厂房、乡村公共设施、公益事业项目，应委托具有相应资质的勘察设计单位进行勘察设计，设计图纸应送有关部门或审图机构审查，并完成工程概（预）算，需要招标的项目应按相关法律法规组织招标投标（使用国有资金的项目，勘察设计、监理费合同估价在 100 万元以上，材料设备费合同估价在 200 万元以上，施工合同估价在 400 万元以上，必须公开招标)，限额以上工程(工程投资额在 100 万元以上或者建筑面积在 500m² 以上的房屋和市政基础设施工程)应按《中华人民共和国建筑法》有关规定向当地县级以上建设主管部门申请领取《施工许可证》。

为加强建设工程质量(安全)管理，根据国务院《建设工程质量管理条例》(国务院令第 279 号发布，根据 2017 年 10 月 7 日《国务院关于修改部分行政法规的决定》第一次修订，2019 年 4 月 23 日《国务院关于修改部分行政法规的决定》第二次修订)、《建设工程安全生产管理条例》(国务院令第 393 号)的有关规定，乡镇企业的厂房、乡村公共设施、公益事业项目在建设过程中，应委托有关部门进行工程质量(安全)监督，并推行工程监理制。工程竣工后，建设单位应组织住房和城乡建设、规划、勘察、设计、监理、质量(安全)监督等有关部门的人员进行验收，经验收合格后方可交付使用。相关工程建设档案资料应及时整理归档，送当地档案馆长期保存。

目前对村民住房建设的管理属于政府指导性工作，即由建设主管部门组织设计人员编制《农村住房通用设计图集》，分发到各乡镇供建房户选用；在建房过程中指导其注重施工质量与安全；竣工后帮助建房户对房屋质量进行验收。

对村民住房建设管理的基本要求：(1)建房选址必须符合乡村规划，且不应破坏村庄原有的乡村聚落空间体系，必须在经乡镇政府批准的建设用地或宅基地上建房，避开可能发生滑坡、崩塌、地陷、地裂、泥石流等危险地段或采空沉陷区、洪水主流区、山洪易发地段建房；(2)房屋的布局应根据不同住户情况和农房类型集中布置，宜以联排、毗邻形式为主，布局应根据地貌条件因地制宜；(3)农房设计建筑层数以 1～3 层为宜，农房朝向结合地形地貌合理选择，宜采用南北朝向或接近南北朝向；(4)农房建造可选择小型施工企业，也可以委托具有相应技能、培训合格的乡村建筑工匠施工，建房户与施工企业或者乡村建筑工匠应签订施工合同，明确双方的权利、义务，约定住房保修期限和保修责任;(5)对于集中统建的农房项目应纳入建筑工程质量安全监督管理范围并接受住房和城乡建设部门的指导,其他单栋农房,由乡镇政府组织验收,验收方法包括现场检查,问询施工方、建房户及乡镇监管人员,查阅施工过程的记录、证明材料,核查材料来源、购买渠道等。经验收合格的农房方可交付使用。

由于一些地方规划、土地、房屋建设管理等工作不到位,近年来农民自建房倒塌事故时有发生,人民生命财产遭受了严重损失。对此党中央、国务院高度重视,习近平总书记作出重要指示,国务院部署了全国自建房安全专项整治,严肃查处了湖南省长沙市望城区某街道农民自建房倒塌事故责任人。房屋建设管理,人命关天,必须警钟长鸣!

第四节　基础设施管理

乡村基础设施的管理采取条块相结合的方式。公路、供电、邮电、通信、燃气、供热等一般由县级以上专业公司管理;供水部分地方实行城乡一体化管理,部分地方仍由乡镇管理;村镇道路、绿化、环卫、污水处理等设施一般由乡镇管理。

在乡镇政府所在地的集镇,大多建有集中供水设施,由当地供水公司或水厂来承担供水管理工作,并逐步向集中连片的村庄推进。乡村供水管理服务要点:(1)要确保供水水质符合现行国家标准《生活饮用水卫生标准》GB 5749;(2)要有效保障不间断正常供水,如遇停电、水管爆裂等特殊情况应尽快通知用水户,并尽可能采取应急补救措施;(3)要在注重社会效益的同时,通过节能降耗等措施降低成本、提高经济效益;(4)要建立健全规章制度,搞好优质服务,提高用户满意度。

村镇道路(含排水)、绿化、环卫、路灯等设施的管理一般由乡镇政府组织实施,成立一家或若干家管理机构,配备相应的管理人员,建立健全相关管理规章制度,搞好日常维护保养,保障乡村基础设施的正常运行。

村镇环境卫生管理是基础设施管理中的一曲"重头戏"。环境卫生涉及千家万户，工作难度大，投入的人力、物力、财力较多，管理的环节也较多。其内容包括村容镇貌的管理、生产生活垃圾管理、公共厕所管理、村镇道路的清扫、绿化管理、排水及污水处理设施的管理、路灯照明管理等，"麻雀虽小，五脏俱全"。《村庄和集镇规划建设管理条例》（国务院令第 116 号）指出："任何单位和个人都应当维护村容镇貌和环境卫生，妥善处理粪堆、垃圾堆、柴草堆，养护树木花草，美化环境。"

对村容镇貌的管理，必须建立村规民约，以村民自治为主要形式管理好村庄和集镇；对生产生活垃圾的管理，应实行专业队伍与村民结合的方式，专业队伍负责垃圾的清扫与清运，村民负责自产垃圾的分类与集中堆放；公厕及绿化的管理可实行由村民承包的方式，以降低费用。一方面要落实必要的管理费用，可通过财政补贴、乡（镇）、村级集体经济组织出资以及适当收取居民卫生费等措施来解决；另一方面要建立必要的管理制度，落实相关责任，做好日常检查与考核。要通过宣传教育逐步提高居民的环卫意识，自觉维护公共卫生。目前一些地方将城市管理机构向乡镇延伸，在乡镇设立专职的城管中队，在中心村配备兼职城管人员，加强了对村容镇貌的管理，在美丽乡村建设中发挥了重要作用。

第五节　村庄整治

村庄整治是美丽乡村建设的重要内容。

村庄整治工作始于 2003 年，浙江省率先提出"千村示范、万村整治"。2005 年党的十六届五中全会作出建设社会主义新农村的决定后，全国各地迅速掀起新农村建设热潮，村庄整治步伐大大推进。

2008 年，国家标准《村庄整治技术规范》GB 50445—2008 发布实施。2019 年该标准修订为《村庄整治技术标准》GB/T 50445—2019。该标准共分总则、术语、安全与防灾、道路桥梁及交通安全设施、给水设施、排水设施、垃圾收集与处理、卫生厕所改造、公共环境、村庄绿化、坑塘河道、村庄建筑、历史文化遗产保护与乡土特色传承、能源供应 14 方面内容，全面规范了村庄整治的具体内容和相关技术标准。

该标准明确：村庄整治应充分利用现有房屋、设施及自然和人工环境、通过政府帮扶农民自主参与相结合的形式，分期分批整治改造农民最急需、最基本的设施和相关项目，以低成本投入、低资源消耗的方式改善农村人居环境，防止大拆大建、破坏历史风貌和资源。村庄整治应因地制宜、量力而行、循序渐进、分期分批进行，并应充分传承当地历史文化传统，防止违背群众意愿，搞突击运动。村庄整治应符合有关规划要求，当村庄规模较大，需整治项目较多、情况复杂时，应编制村庄整治规划作为指导。村庄整治应综合考虑火灾、洪灾、震灾、风灾、地质灾害、雷击、雪灾和冻融等灾害影响，贯彻预防为主，防、抗、避、救相结合的方针，坚持灾害综合防御、群防群治的原则，综合整治、平灾结合，保障村庄可持续发展和村民生命安全。村庄给水设施整治应充分利用现有条件，改造完善现有设施，保障饮水安全；给水方式分为集中式和分散式两类。村庄垃圾应及时收集、清运，保持村庄整洁；村庄生活垃圾宜就地分类回收利用，减少集中处理垃圾量。村庄整治应实现粪便无害化处理，预防疾病，保障村民身体健康，防止粪便污染环境。村庄排水设施整治包括确定排放标准、整治排水收集系统和污水处理设施；排水量包括污水量和雨水量，污水量包括生活污水量及生产污水量；有条件的村庄，应联村或单村建设污水处理站。道路桥梁及交通安全设施整治应利用现有条件和资源，通过整治，恢复或者改善道路的交通功能，并使道路布局科学合理。村庄公共环境整治应遵循适用、经济、安全和环保的原则，恢复和改善村庄公共服务功能，美化自然与人工环境，保护村庄历史文化风貌，并结合地域、气候、民族、风俗营造村庄个性。坑塘河道应保障使用功能，满足村庄生产、生活及防灾需要；严禁采用填埋方式废弃、占用坑塘河道；坑塘使用功能包括旱涝调节、渔业养殖、农作物种植、消防水源、杂用水、水景观及污水净化等，河道使用功能包括排涝、取水和水景观等。村庄整治中应严格、科学保护历史文化遗产和乡土特色，延续与弘扬优秀的历史文化传统和农村特色、地域特色、民族特色；对于国家历史文化名村和各级文物保护单位，应按照相关法律法规的规定划定保护范围，严格进行保护。村庄生活应节约能源，保护生态环境，开发利用可再生能源；新建房屋应采取节能措施，宜采用保温技术与材料、被动式太阳房技术；有条件地区的村庄应逐步对既有房屋实施节能改造。

近年来，各地推进村庄整治取得了较大成效，积累了不少经验。浙江省推行"千村示范、万村整治"的经验和做法将在本书"美丽乡村建设做法"中另叙。

江西推进村庄整治工作的主要做法：一是以规划为先导，强化村庄规划的调控作用。要求所有县（市）完成县（市）域城镇体系规划的编制，村庄规划编制率不低于80%，全省基本形成县（市）、镇（乡）、村三级规划控制体系，为村庄整治和新农村建设提供规划保障。制定了《江西省村庄建设规划导则》，要求严格按规划组织农房建设；二是以村民为主体，确立农民在村庄整治中的自主地位。在推进村庄整治过程中，让农民充分享有规划参与权、整治决策权、经费知情权、自我管理权，发挥"五老会"作用（由老干部、老党员、老模范、老教师、老军人组成的村民理事会），"五老会"起到了农民意愿"代言人"、政府主张"传递人"和矛盾纠纷"调停人"的积极作用；三是以功能为基础，努力改善农村人居环境。抓好"三清三改"（清垃圾、清淤泥、清路障，改水、改厕、改路），突出四个方面的整治（治乱、治脏、治路、治水），各地按照"水清、河畅、岸绿、景美"的要求，对村内外进行综合整治，疏浚河道、清除塘泥、截污治污、种树种草，使农村环境大为改观；四是以质量为生命，切实加强村庄整治和建设管理。重点抓了健全村镇建设管理队伍、落实村镇建设质量安全责任、建立和完善质量保障体系等项工作，村镇建设特别是村庄房屋建设的质量安全工作明显加强；五是以生态为灵魂，保护和挖掘地方历史文化和自然遗存。力求做到"一个保留、两个坚持、三个不"：即保留农村的历史文脉，坚持人与自然和谐、坚持不搞千篇一律，不推山、不填塘、不砍树；六是以典型为示范，全面推进村庄整治和村镇建设。在全省范围内开展"十、百、千村镇规划建设活动"（即省、市、县三级建设部门分别抓好10个示范镇、100个示范村和1000个重点村的规划建设工作），及时发现和总结各地在村庄整治工作中的先进典型，总结经验，并抓好宣传推广工作。

各地通过实施大规模的村庄整治，使村庄山更青了，水更秀了，交通更方便了，居住更舒适了，环境更美了，得到了基层广大人民群众的拥护，美丽乡村建设取得了实实在在的效果。

第六节 农村厕所革命

农村厕所革命是按照习近平总书记重要指示精神、扎实推进农村人居环境整治工作一项重要举措。

为积极有效推进农村厕所革命，中央农办等有关部门联合下发了《中央农办 农业农村部 国家卫生健康委 住房城乡建设部 文化和旅游部 国家发展改革委 财政部 生态环境部关于推进农村厕所革命专项行动的指导意见》（农社发〔2018〕2号）（本节以下简称：《指导意见》），指出：小厕所、大民生。农村厕所革命关系到亿万农民群众生活品质的改善。习近平总书记指出，厕所问题不是小事情，要把这项工作作为乡村振兴战略的一项具体工作来推进，努力补齐这块影响群众生活品质的短板。

《指导意见》基本原则：（1）政府引导、农民主体。党委政府重点抓好规划编制、标准制定、示范引导等，不能大包大揽，不替农民做主，不搞强迫命令。从各地实际出发，尊重农民历史形成的居住现状和习惯，把群众认同、群众参与、群众满意作为基本要求，引导农民群众投工投劳。（2）规划先行、统筹推进。发挥乡村规划统筹安排各类资源的作用，充分考虑当地城镇化进程、人口流动特点和农民群众需求，先搞规划、后搞建设，先建机制、后建工程，合理布局、科学设计，以户用厕所改造为主，统筹衔接污水处理设施，协调推进农村公共厕所和旅游厕所建设，与乡村产业振兴、农民危房改造、村容村貌提升、公共服务体系建设等一体化推进。（3）因地制宜、分类施策。立足本地经济发展水平和基础条件，合理制定改厕目标任务和推进方案。选择适宜的改厕模式，宜水则水、宜旱则旱、宜分户则分户、宜集中则集中，不搞一刀切，不搞层层加码，杜绝"形象工程"。（4）有力有序、务实高效。强化政治意识，明确工作责任，细化进度计划，确保如期完成三年农村改厕任务。坚持短期目标与长远打算相结合，坚决克服短期行为，既尽力而为又量力而行。坚持建管结合，积极构建长效运行机制，持之以恒将农村厕所革命进行到底。

《指导意见》重点任务：（1）明确任务要求，全面摸清底数。各地认真落实《农村人居环境整治三年行动方案》对各类厕所数量和改厕标准的任务要求，组织开展农村厕所现状大摸底，以县域为单位摸清农村户用厕所、公共厕所、旅游厕所的数量、布点、模式等信息。深入开展调查研究，了解农村厕所建设、管理维护、使用满意度等情况，及时查找问题，及时跟踪农民群众对厕所建设改造的新认识、新需求。（2）科学编制改厕方案。各地要综合考虑地理环境、气候条件、经济水平、农民生产生活习惯等因素，结合乡村振兴、脱贫攻坚、改善农村人居环境等规划，按照村庄类型，突出乡村优势特色，体现农村风土人情，因地制宜逐乡（或逐村）论证编制农村厕所革命专项实施方案，明确年度任务、资金安排、保障措施等。中西部地处偏远、山区、经济欠发达的地方，特别是严寒、缺水等地区，可以县域为单位合理确定农村改厕目标任务。（3）合理选择改厕标准和模式。加快研究修订农村卫生厕所技术标准和相关规范。各地要结合本地区农村实际，鼓励厕所粪污就地资源化利用，统筹考虑改厕和污水处理设施建设，研究制定技术标准和改厕模式，编写技术规范，指导科学合理建设。农村户用厕所改造要积极推广简单实用、成本适中、农民群众能够接受的卫生改厕模式、技术和产品。鼓励厕所入户进院，有条件的地区要积极推动厕所入室。农村公共厕所建设要以农村社区综合服务中心、文化活动中心、中小学、集贸市场等公共场所，以及中心村等人口较集中区域为重点，科学选址，明确建设要求。可按相关厕所标准设计，因地制宜建设城乡结合部、公路沿线乡村和旅游公厕，进一步提升卫生水平。施工建设砖混结构贮粪池时把不渗不漏作为基本要求，采用一体化厕所产品时注重材料强度和密闭性，避免造成二次污染。（4）整村推进，开展示范建设。各地要学习借鉴浙江"千村示范、万村整治"工程经验，总结推广一批适宜不同地区、不同类型、不同水平的农村改厕典型范例。鼓励和支持整村推进农村厕所革命示范建设，坚持"整村推进、分类示范、自愿申报、先建后验、以奖代补"的原则，有序推进，树立一批农村卫生厕所建设示范县、示范村，分阶段、分批次滚动推进，以点带面、积累经验、形成规范。组织开展 A 级乡村旅游厕所、最美农村公共厕所、文明卫生清洁户等多种形式的推选活动，调动各方积极性。（5）强化技术支撑，严格质量把关。鼓励企业、科研院校研发适合农村实际、经济实惠、老百姓乐见乐用的卫生厕所新技术、新产品。在厕所建设材料、无害化处理、除臭杀菌、智能管理、粪污回收利用等技术方面，加大科技攻关力度。强化技术推广应用，组织开展多种形式的农村卫生厕所新技术新产品展示交流活动。鼓励各地利用信息技术，对改厕户信息、施工过程、产品质量、检查验收等环节进行全程监督，对公共厕所、旅游厕所实行定位和信息发布。（6）完善建设管护运行机制。坚持建管并重，充分发挥村级组织和农民主体作用，鼓励采取政府购买服务等方式，建立政府引导与市场运作相结合的后续管护机制。各地要明确厕所管护标准，做到有制度管护、有资金维护、有人员看护，形成规范化的运行维护机制。运用市场经济手段，鼓励各地探索推广"以商建厕、以商养厕"等模式，创新机制，确保建设和管理到位。组织开展农村厕所建设和维护相关人员培训，引导当地农民组建社会化、专业化、职业化服务队伍。（7）同步推进厕所粪污治理。统筹推进农村厕所粪污治理与农村生活污水治理，因地制宜推进厕所粪污分散处理、集中处理或接入污水管网统一处理，实行"分户改造、集中处理"与单户分散处理相结合，鼓励联户、联村、村镇一体治理。积极推动农村厕所粪污资源化利用，鼓励各地探索粪污肥料化、污水达标排放等经济实用技术模式，推行污水无动力处理、沼气发酵、堆肥和有机肥生产等方式，防止随意倾倒粪污，解决好粪污排放和利用问题。

《指导意见》保障措施：（1）要加强组织领导。进一步健全中央部署、省负总责、县抓落实的工作推进机制，强化上下联动、协同配合。省级党委政府负总责，把农村改厕列入重要议事日程，明确牵头责任部门，强化组织和政策保障，做好监督考核，建立部门间工作协调推进机制。强化市县主体责任，做好方案制定、项目落实、资金筹措、推进实施、运行管护等工作。（2）加大资金支持。各级财政采取以奖代补、先建后补等方式，引导农民自愿改厕，支持整村推进农村改厕，重点支持厕所改造、后续管护维修、粪污无害化处理和资源化利用等，加大对中西部和困难地区的支持力度，优先支持乡村旅游地区的旅游厕所和农家乐户厕建设改造。进一步明确地方财政支出责任，鼓励地方以县为单位，统筹安排与农村改厕相关的项目资金，集中推进农村改厕工作。支持农村改厕技术、模式科研攻关。发挥财政资金撬动作用，依法合规吸引社会资本、金融资本参与投入，推动建立市场化管护长效机制。在用地、用水、用电及后期运维管护等方面给予政策倾斜。简化农村厕所建设项目审批和招标投标程序，降低建设成本，确保工程质量。（3）强化督促指导。对农村改厕工作开展国务院大检查大督查。每年组织开展包括农村改厕在内的农村人居环境整治工作评估，把地方落实情况向党中央、国务院报告。落实国务院督查激励措施，对开展包括农村改厕在内的农村人居环境整治成效明显的县（市、区、旗），在分配年度中央财政资金时予以适当倾斜。落实将农村改厕问题纳入生态环境保护督察检查范畴。建立群众监督机制，通过设立举报电话、举报信箱等方式，接受群众和社会监督。（4）注重宣传动员。鼓励各地组织开展农村厕所革命公益宣传活动，结合农村人居环境整治村庄清洁行动、卫生县城创建等活动，多层次、全方位宣传农村改厕的重要意义，加强文明如厕、卫生厕所日常管护、卫生防疫知识等宣传教育。鼓励和引导基层党员干部率先示范，引导农民主动改厕。发挥共青团、妇联等基层群团组织贴近农村、贴近农民的优势，广泛发动群众，激发农民群众改善自身生活条件的主动性和积极性。

近年来，各地各有关部门积极行动、采取措施，农村改厕取得了较快进展，缺少卫生厕所状况大为缓解，相关疾病发生、流行得到一定控制，农民群众文明卫生素质有了较大提升。

自推行农村厕所革命以来，江西省安义县综合考虑农民居住集中度，因地制宜，将新农村建设与生活污水治理相结合，积极推进改厕与污水治理有效衔接。在农厕改造前上门实地调查，对需要新建户厕的农村采取自愿原则，安装一体式化粪桶；采用一体式玻璃钢三格化粪池、砖砌式三格化粪池、联户砖砌式三格化粪池等形式，对已安装的一体式化粪池进行复核；对问题户厕，分类确定整改方案。坚持市场化、社会化运作，对改造后的化粪池进行统一管理，定期统一收集、统一运输、统一无害化处理和资源化利用。农村厕所革命取得了显著成绩，全县农村卫生厕所普及率达 80% 以上。

第五章　美丽乡村特色资源

我国地域辽阔，在广大农村中存在不少特色鲜明、保存完好的历史文化名镇名村、传统村落、特色景观旅游村镇、少数民族特色村寨。在美丽乡村建设过程中，注意传承、保护好这些稀少的特色资源，对于传承中华民族的优秀传统文化具有重要意义。要处理好统筹保护、利用与发展的关系，努力保持村镇的完整性、真实性和延续性。合理利用乡村特色资源，发展乡村旅游和特色产业，形成特色资源保护与美丽乡村建设的良性互促机制。

第一节　历史文化名镇名村

历史文化名镇名村是我国文化遗产的重要组成部分，必须予以积极保护。做好历史文化名镇名村的保护工作，对于弘扬我国传统文化、带动地方经济发展、促进美丽乡村建设具有重要意义。历史文化名镇名村已成为培育地方特色产业、推动经济发展和提高农民收入的重要途径，成为展示乡村传统特色、增强人民群众对各民族文化的认同感及自豪感、满足社会公众精神文化的需求的重要场所。

我国对历史文化名镇名村的认定与保护工作始于 20 世纪 90 年代。江苏省昆山市的周庄镇，聘请同济大学编制了历史文化名镇保护规划，并严格按规划保护好各类古建筑，在此基础上适度开发旅游，在上海乃至全国都有较大的名气。

为了加强对历史文化名城名镇名村的保护与管理，继承中华民族优秀历史文化遗产，2008 年 4 月，国务院发布了《历史文化名城名镇名村保护条例》(国务院令第 524 号公布，根据

2017年10月7日《国务院关于修改部分行政法规的决定》修订）。该条例明确：历史文化名城、名镇、名村的保护应当遵循科学规划、严格保护的原则，保持和延续其传统格局和历史风貌，维护历史文化遗产的真实性和完整性，继承和弘扬中华优秀传统文化，正确处理经济社会发展和历史文化遗产保护的关系。

建设部、国家文物局发布的《中国历史文化名镇（村）评选办法》规定，历史文化名镇（村）应按以下条件和标准来评选：

在一定历史时期内对推动全国或某一地区的社会经济发展起过重要作用，具有全国或地区范围的影响；或系当地水陆交通中心，成为闻名遐迩的客流、货流、物流集散地；在一定历史时期内建设过重大工程，并对保障当地人民生命财产安全、保护和改善生态环境有过显著效益且延续至今；在革命历史上发生过重大事件，或曾为革命政权机关驻地而闻名于世；历史上发生过抗击外来侵略或经历过改变战局的重大战役，以及曾为著名战役军事指挥机关驻地；能体现我国传统的选址和规划布局经典理论，或反映经典营造法式和精湛的建造技艺；或能集中反映某一地区特色和风情，民族特色传统建造技术。

建筑遗产、文物古迹和传统文化比较集中，能较完整地反映某一历史时期的传统风貌、地方特色和民族风情，具有较高的历史、文化、艺术和科学价值，现存有清代以前建造或在中国革命历史中有重大影响的成片历史传统建筑群、纪念物、遗址等，基本风貌保持完好。

镇（村）内历史传统建筑群、建筑物及其建筑细部乃至周边环境基本上原貌保存完好；或因年代久远，原建筑群、建筑物及其周边环境虽曾倒塌破坏，但已按原貌整理恢复；或原建筑群及其周边环境虽部分倒塌破坏，但"骨架"尚存，部分建筑细部亦保存完好，依据保存实物的结构、构造和样式可以整体修复原貌。

符合上述条件，镇的总现存历史传统建筑的建筑面积须在5000m² 以上，村的现存历史传统建筑的建筑面积须在2500m² 以上；已编制了科学合理的专项保护规划或在村镇总体规划中体现了相关保护要求，设置了有效的管理机构，配备了专业人员，有专门的保护资金的村镇，均可参加历史文化名镇名村的评选。

自2003年全国第一批历史文化名镇名村的认定开始，至2019年1月，住房和城乡建设部、国家文物局共分7批公布了312个中国历史文化名镇和487个中国历史文化名村。2023年8月，第8批中国历史文化名镇名村的申报认定工作已启动。

开展历史文化名镇名村的评选与认定工作，有利于推动各级政府采取积极有效措施，保护好当地历史文化资源，保护一大批历史建筑和历史风貌，传承中华优秀传统文化，为经济建设和社会发展服务。

2017年10月，住房和城乡建设部、国家文物局决定对中国历史名镇名村保护工作开展评估检查，要求各地站在"保护弘扬中华优秀传统文化，延续城市文脉，保留中华文化基因"的高度，推动社会形成高度重视历史文化名镇名村保护的共识；要构建完整系统的历史文化名镇名村和历史建筑保护体系，讲好中国故事，完善历史文化名镇名村和历史建筑的保护层次、类别和体系；要树立正确的保护理念和方法，坚持最大限度保留，坚持真实保护，坚持整体保护，坚持以人为本，坚持循序渐进；要创新利用方式，因地制宜，最大程度彰显历史文化名镇名村和历史建筑的文化内涵，充分发挥使用价值，融入现代化进程；要健全监督管理体系，充分发挥历史文化名镇名村保护规划的管控作用，落实地方政府主体责任，建立"一年一体检、五年一评估"的历史文化名镇名村保护工作体检评估制度，加快完善法律法规，对破坏历史文化名镇名村和历史建筑的责任主体加大处罚力度，对保护不力致使名镇名村历史文化价值受到严重影响、历史遗存遭到破坏的，将依据《历史文化名城名镇名村保护条例》有关规定进行查处。

如今，历史文化名镇名村已成为当地的一张响亮"名片"，促进了招商引资和旅游事业的发展，为美丽乡村建设增添了活力。

第二节　传统村落

在广袤的中华大地和青山绿水间，曾经散落着数以万计历史悠久且各具特色的传统村落，描绘了一幅幅"桑叶隐村户，芦花映钓船"的农耕文明的美妙画卷。但在快速推进的城镇化进程中，这些村落逐渐消失，引发了人们对何处寄托乡愁乡思的由衷感叹。

保护发展传统村落刻不容缓。20 世纪 80 年代，我国启动传统村落保护工作。在中国历史文化名镇名村评选中，将传统村落列为保护发展的特定对象。

2011 年，住房和城乡建设部、文化部、财政部下发《关于加强传统村落保护发展工作的指导意见》，强调传统村落保护发展的重要性和必要性，并从基本原则和任务、做好传统村落调查工作、建立传统村落名录制度、推动保护发展规划编制实施、加强监督管理等方面做了较为全面的部署。同年，住房和城乡建设部、文化部、国家文物局、财政部联合成立了传统村落保护和发展专家委员会，中央财政提出计划用三年时间集中投入超过 100 亿元推动传统村落保护工作。

中国传统村落与历史文化名镇名村既有较大的联系，也有一定的不同。中国传统村落的审核标准是：传统建筑风貌完整、选址和格局保持传统特色、非物质文化遗产活态传承，具有一定的历史、文化、科学、艺术、社会、经济价值。

各地在历史文化名镇名村评选、非物质文化遗产调查、文物普查登记的基础上，积极组织申报推荐中国传统村落。经各地申报，专家评审，2012 年，住房和城乡建设部、文化部、财政部公布了第一批 646 个中国传统村落名单，以后又陆续公布了第二批、第三批、第四批、第五批、第六批名单，截至2023年3月，全国共有8155个村落被确定为中国传统村落。一大批非常有价值的传统村落，在国家层面以及相关部门的高度重视和推动下，得以抢救性保护发展。

在加强保护发展传统村落顶层制度建设的同时，我国也在努力防止传统村落保护发展走"回头路"，防止肆意破坏以及无序发展等现象反弹。2016年，住房和城乡建设部等七部门印发《中国传统村落警示和退出暂行规定（试行）》，要求对因保护不力、造成村落文化遗产保护价值严重损害的情形提出警告，实施警示和退出制度。

为不断加强数字化保护，2017年，住房和城乡建设部启动了中国传统村落数字博物馆建设。该馆分为综合馆和村落馆，综合馆展示中国传统村落整体历史、文化、艺术、科学等价值，村落馆逐个展示中国传统村落全貌，目前已完成165个中国传统村落建馆工作。

各级政府及有关部门加大了对传统村落的保护管理力度。住房和城乡建设部门积极组织编制传统村落保护规划，指导传统村落保护和住房及基础设施维护建设，开展传统建筑调查、认定、挂牌工作，把散落在传统村落内的传统建筑纳入保护名录；文化（文物）部门指导文物及非物质文化遗产的保护，传承当地传统文化；财政部门挤出部分资金补助传统村落编制保护规划、支持对有价值的古建筑进行修缮、完善村落内必要的基础设施。由于采取了一系列积极有效措施，使得逐渐消亡的传统村落在大规模的城乡建设中得以保存下来，让人们"望得见山、看得见水、记得住乡愁"。经过多年的持续推进，传统村落资源得到深入挖掘，保护名录不断丰富，保护格局基本建立，保护利用体系进一步完善，一批传统村落成为乡村振兴的"聚宝盆"、村民增收的"摇钱树"、美丽乡村的"老古董"，传统村落实现了静态保护向活态传承的转变，探索出有中国特色的传统村落保护利用的新路径。

在党中央、国务院高度重视和社会各界的共同努力下，我国传统村落快速消失的局面得到遏制。调查显示，列入中国传统村落名录的村落没有发生拆并现象，没有发现严重破坏问题，村民保护意识明显增强。传统村落中大量危旧甚至濒危遗产得到保护修缮，越来越多的传统村落生产生活条件有了明显改善。

人居环境的改善和提升带动传统村落逐步恢复活力，一些地区的传统村落实现了产业复兴，许多传统村落成为旅游热点，增加了农民收入。以湖南湘西花垣十八洞村、河北阜平骆驼湾村为例，通过借鉴传统村落保护与发展的先进经验，保持自然风光和原汁原味的风貌，发展乡村旅游业，吸引外出人员返乡就业，探索出了精准扶贫和脱贫的好路子。

如今，传统村落已成为中华儿女寄托乡愁和弘扬优秀传统文化的重要载体。所有中国传统村落都建立了村落文化遗产档案，很多村落还挖掘整理了村史、村志、乡规、族训，将保护文化遗产和传承优秀传统美德要求写入村规民约，还兴建了传统文化活动场所，教育村民，感染和熏陶各地游客。

传统村落保护发展事业，功在当代，利在千秋。在习近平新时代中国特色社会主义思想指引下，我国传统村落保护发展工作必将进一步助力中华民族伟大复兴，为人类文化遗产保护发展事业作出新贡献。

2022年4月，住房和城乡建设部、财政部联合下发了《住房和城乡建设部　财政部关于做好2022年传统村落集中连片保护利用示范工作的通知》（建村〔2022〕32号），确定北京市门头沟区等40个县（市、区）为2022年传统村落集中连片保护利用示范县，要求省级住房和城乡建设、财政部门要指导各示范县抓紧完善并印发传统村落集中连片保护利用示范工作方案，细化重点内容、工作措施、预期成效等，明确中央财政补助资金安排意见，确保可量化、可考核。要指导各示范县在工作方案基础上，编制并印发县域传统村落集中连片保护利用规划。

保护利用规划要坚持以人民为中心的发展思想，全面贯彻新发展理念，以传统村落为节点，因地制宜连点串线成片确定保护利用实施区域，明确区域内村落的发展定位和发展时序，充分发挥历史文化、自然环境、绿色生态、田园风光等特色资源优势，统筹基础设施、公共服务设施建设和特色产业布局，全面推进乡村振兴，传承发展优秀传统文化。要活化、利用好传统建筑，结合村民实际需求提出传统民居宜居性改造工作措施和技术路线等，实现生活设施便利化、现代化。要指导督促各示范县落实主体责任，严格按照工作方案和保护利用规划有序组织实施示范工作。各示范县要加强统筹协调，完善政策制度，创新体制机制，整合相关资源，吸引社会资本参与，激发村民参与保护利用的主动性和积极性，不断提升传统村落居住条件和改善村容村貌，增强传统村落生机活力，形成当地传统村落保护利用经验和模式，确保取得预期成效。住房和城乡建设部、财政部将定期调度示范县工作进度，开展工作评估，及时总结推广传统村落保护利用可复制可推广的经验。

2023 年，住房和城乡建设部与中央广播电视总台合作制作播出大型纪录片《文脉春秋》，展现了部分传统村落的风采；同时抢救性保护了 1336 个有重要价值的传统村落。通过传统村落保护工程，保护了 53.9 万栋历史建筑和传统民居，传承发展了 4789 项省级以上非物质文化遗产，形成了世界上规模最大、内容和价值最丰富、保护最完整、活态传承的农耕文明遗产保护群，让中华千年农耕文明彰显新时代的魅力和风采。

第三节　特色景观旅游村镇

进入 21 世纪，我国旅游事业快速发展，一大批具有中国特色的旅游名镇名村迅速崛起，支撑起乡村旅游的一片新天地。为适应发展新形势，住房和城乡建设部、国家旅游局决定开展全国特色景观旅游名镇名村评选。

全国特色景观旅游名镇名村评选的基本条件为：有一定规模或独特的自然、人文景观，适宜开展旅游活动；资源类型丰富，景点数量众多，并且组合关系良好；自然、人文景观基本保存完整，人为干扰较小，且不构成明显影响；在科学研究、科学普及和历史文化方面具有学术价值和教育意义；在观光游览和休闲度假方面具有较高的开发利用价值，具有较大影响力；能够较完整真实地体现地方、民族特色、民俗风情和传统乡村特色、自然风貌；有文化传承载体，有文化活动队伍，形成独特的文化形象；在周边省市知名，美誉度较高，具有一定的市场辐射力，有一定特色，并能形成一定的旅游主题，观赏游憩价值较高；年接待旅游者达到一定规模，旅游经济效益良好，吸纳本地劳动力就业明显。

自 2009 年起，住房和城乡建设部、国家旅游局共公布了 3 批 553 个全国特色景观旅游名镇名村示范。如北京市门头沟区斋堂镇、昌平区兴寿镇木厂村，江苏省昆山市周庄镇，江西省婺源县江湾镇、高安市新街镇贾家村，云南省景洪市嘎洒镇曼景法村等。

特色景观旅游名镇名村分布在全国各地，各具丰富的特色及自然与人文景观、严格的保护和适度的开发使之成为远近闻名的旅游村镇，不仅充分挖掘了宝贵的历史文化资源，而且极大地丰富了广大人民群众的业余文化生活，有力地促进了当地经济社会的发展。如江苏省昆山市周庄镇是一座江南小镇，有"中国第一水乡"之誉，是国家首批 5A 级景区。周庄始建于 1086 年（北宋元祐元年），因邑人周迪功先生捐地修全福寺而得名。春秋时为吴王少子摇的封地，名为贞丰里。周庄历史悠久，是典型的江南水乡风貌，有独特的人文景观，是中国水乡文化和吴地汉文化的瑰宝。周庄镇 60% 以上的民居仍为明清建筑，仅 $0.47km^2$ 的古镇有近百座古典宅院和 60 多个砖雕门楼，周庄民居古风犹存，还保存了 14 座各具特色的古桥。主要景点有：沈万三故居、富安桥、双桥、沈厅、怪楼、周庄八景等。由于地处上海、江苏、浙江两省一市腹地，交通方便，来周庄的游客络绎不绝，是全国著名的特色景观旅游名镇。

此外，在国家级和省级风景名胜区中，包含大量的特色景观旅游村镇，如江西省庐山风景名胜区牯岭镇、井冈山风景名胜区茅坪村、龙虎山风景名胜区无蚊村、滕王阁－梅岭风景名胜区的太平镇等。这些村镇规划建设的特点：（1）严格遵守风景名胜区总体规划和详细规划，并按照上位规划来编制村镇规划；（2）对村镇中具有观赏、文化或者科学价值的自然与人文景观制定保护规划，并采取积极措施予以保护；（3）新建、改建建（构）筑物或基础设施，必须严格按规划执行，且与该风景名胜区总体风貌相协调；（4）修缮、拆除传统建筑，需依法严格执行相关审批程序。

住房和城乡建设部领导表示：国家特色景观旅游名镇名村示范符合中央关于扩大内需、调整经济结构、实现可持续发展的战略要求，适应了人民生活需求多样化和乡村旅游业兴起的时代发展需求，取得了良好成效。今后要进一步明确工作思路和方法，要尊重自然山水，尊重原有的村庄历史格局，尊重本地的历史文化和建筑特色，尊重游客和当地村民的需求，要有一个好的保护规划，有一个好的管理机制，要以农民增收为核心。

第四节　少数民族特色村寨

我国是一个统一的多民族国家，分布在全国各地的少数民族乡村中有许多具有民族特色的村寨，保护好这些村寨对传承中华优秀传统文化、发展乡村旅游、推进美丽乡村建设有着积极的作用。

少数民族特色村寨是指少数民族人口相对聚居，且比例较高，生产生活功能较为完备，少数民族文化特征及其聚落特征明显的自然村或行政村。

少数民族特色村寨在产业结构、民居式样、村寨风貌以及风俗习惯等方面都集中体现了少数民族经济社会发展特点和文化特色，集中反映了少数民族聚落在不同时期、不同地域、不同文化类型中形成和演变的历史过程，相对完整地保留了各少数民族的文化基因，凝聚了各少数民族文化的历史结晶，体现了中华文明多样性，是传承民族文化的有效载体，是少数民族和民族地区加快发展的重要资源。

支持少数民族特色村寨保护与发展，是社会主义新农村、新牧区建设的重要组成部分，是民族工作的重要组成部分，也是保护中华文化多样性的重要举措。做好这项工作，对于促进民族地区经济发展，传承和弘扬少数民族传统文化，增强民族自豪感，提高各民族的凝聚力、向心力，巩固和发展平等、团结、互助、和谐的社会主义民族关系具有重要意义。

2009 年，国家民族事务委员会与财政部开始实施少数民族特色村寨保护与发展项目。截至 2019 年底，国家民族事务委员会共分三批命名了 1652 个中国少数民族特色村寨。

2021 年 11 月，贵州省住房和城乡建设厅与省文化和旅游厅等四部门联合印发了《贵州省推进乡村旅游与传统村落和少数民族特色村寨深度融合发展实施方案》。该方案指出：传统村落、少数民族特色村寨是乡村旅游发展的重要资源，是传承和弘扬中华优秀传统文化的重要载体。贵州省将发挥中国传统村落、中国少数民族特色村寨数量均居全国第一的优势，在 2025 年底前，创建省级以上乡村旅游重点村 200 个，打造 50 个乡村旅游与传统村落和少数民族特色村寨深度融合发展示范点，在全省形成特色突出、风情浓郁、效益显著的乡村旅游与传统村落、民族特色村寨深度融合发展格局，使之成为贵州文旅融合发展的一大特点和乡村旅游的靓丽名片。

主要工作目标：（1）做好规划布局，找准发展定位。要求各地摸清基本情况，突出特色推进，对少数民族特色村寨的非遗技艺、文物保护单位、乡村旅游发展等情况进行调研摸底，发展一批文化艺术型、非遗技艺型、景区依托型等特色文旅乡村。把少数民族特色村寨融合发展纳入各级"十四五"文化和旅游发展规划或乡村旅游发展规划,与土地利用规划、村镇规划、传统村落保护发展规划、民族特色村寨保护发展规划、休闲农业发展规划等有效衔接,推动少数民族特色村寨乡村旅游有序协调发展。(2)提升发展基础,构建和谐环境。支持少数民族特色村寨与本地人文、自然景观保持和谐,完善提升公共服务设施,为乡村旅游发展提供基础支撑。深入挖掘文化资源,精心开展"一村一解说词"等工作,讲好自然与人文和谐共生、民族民俗发展历程、村寨村落发展历史的故事。对村寨村落中有条件的文物保护单位做好保护、完善设施,逐步对游客开放。利用好村落、建筑、林草、农田、水体等景观元素,科学规划农业土地、农业生物、乡村聚落、乡村人文活动、民俗文化、现代科技等景观布局,按四季整体打造和谐田园风光景观,营造安全、舒适、健康、优美的环境,推动农文旅商融合发展。(3)丰富旅游业态,增强人文内涵。依托传统建筑、民族文化、非遗技艺、民族医药、温泉等特色资源,发展文化体验、乡村演艺、避暑度假等旅游业态,打造一批有生产、有生活、有生气、有生意的乡村旅游重点村。充分挖掘文化潜力,有效利用乡村文物古迹、传统村落、民族特色村寨、传统建筑、农业遗迹、非物质文化遗产等,与现代创意相结合,打造一批富有现代艺术气息和娱乐体验功能的文化娱乐活动。传承发展特色手工艺,依托银饰、蜡染、刺绣、纺织、编织、制陶、造纸、农民画、木贴画、漆器等为代表的传统民族民间工艺,融合现代生活需求,加强有针对性的培训,着力提升文创设计能力和附加值,培养和树立特色品牌,激活乡村传统工艺,打造一批内涵丰富、现代时尚并兼具实用性、深受市场和游客欢迎的旅游商品和文创产品,并通过就地或电商销售等拓展市场。(4)加强服务保障,提升发展质量。按照"串点连线、连线成片"的原则,实时更新,发布推介贵州少数民族特色村寨旅游地图、总体旅游攻略，以及一批不同类型的深度融合精品旅游线路和攻略，扩大少数民族特色村寨乡村旅游的知名度和美誉度。加强招商引资引智，招引一批优强企业，打造一批融合发展精品工程项目。强化人才培养培育，通过举办乡村旅游创客大赛等活动，鼓励引导大学生、文化艺术人才、专业技术人员、青年创业团队等各类"创客"投身少数民族特色村寨乡村旅游发展。

为保障《贵州省推进乡村旅游与传统村落和少数民族特色村寨深度融合发展实施方案》落到实处，所采取的措施：（1）建立工作机制。省、市、县三级发展改革、文化旅游、民族宗教、住房和城乡建设部门建立常态化工作机制，加强统筹协调、联动配合，构建全省一盘棋的工作格局，形成工作合力，扎实推进工作落实。（2）打造典型示范。依托中国传统村落集中连片保护利用示范市（州），打造20个以上"贵银""苗绣""黔菜"等特色旅游示范村。选择50个乡村旅游与传统村落和少数民族特色村寨深度融合发展示范点，在项目、资金安排上进行集中支持，加强建设指导，形成贵州省乡村旅游对外吸引的精品。（3）加强资金支持。把少数民族特色村寨纳入金融资金支持乡村旅游重点村范围，争取省级政府投资基金在同等条件下优先安排少数民族特色村寨保护发展项目，同时引导社会资本投入。

贵州省的做法，值得有一定数量少数民族特色村寨的省（区、市）借鉴。

第六章　美丽乡村建设行动

"美丽中国，我是行动者"。开展美丽乡村建设行动应在《中共中央 国务院关于全面推进美丽中国建设的意见》及相关法律法规的指导下，结合当地实际，严格按规划组织实施。美丽乡村建设行动必须与持续实施乡村振兴战略、推动农村人居环境整治、巩固扩展脱贫攻坚成果等紧密结合，开展美丽乡村示范县建设行动。

第一节　持续实施乡村振兴战略

实施乡村振兴战略，是党的十九大作出的重大决策部署，是决胜全面建成小康社会、全面建设社会主义现代化国家的重大历史任务，是新时代"三农"工作的总抓手。

中共中央、国务院发布《乡村振兴战略规划（2018—2022年）》以来，在各级党委、政府的领导下，《乡村振兴战略规划（2018—2022年）》实施稳步推进，战略导向作用得到发挥，各方面重点任务取得显著成效。乡村振兴新格局加快构建，城乡布局结构不断完善，乡村生产生活生态空间日趋明晰，村庄分类发展有序推进。现代农业根基进一步巩固，粮食等重要农产品供给保障能力持续增强，全国粮食总产量连续稳定在 1.3 万亿斤以上。农业发展方式加快转变，化肥农药使用量保持负增长，乡村富民产业蓬勃发展，农村第一、第二、第三产业加快融合，乡村休闲旅游的游客数量和营业收入大幅增长，农村电商等新产业新业态方兴未艾，乡村产业高质量发展态势逐步显现。宜居乡村建设步伐加快，具备条件的建制村全部通硬化路，乡村医疗机构和人员"空白点"基本消除，农村人居环境整治持续推进，农村卫生厕所普及率超过 60%，90% 的村庄开展了清洁行动，美丽乡村展现新的面貌。乡村文化繁荣发展，优秀乡村文化保护传承力度明显加大，中国农民丰收节成为弘扬农耕文化的金字招牌。农村社会保持和谐稳定，自治、法治、德治相结合的乡村治理体系基本建立。经过全党全国各族人民共同努力，在迎来中国共产党成立一百周年的重要时刻，我国脱贫攻坚战取得了全面胜利，现行标准下 9899 万农村贫困人口全部脱贫，832 个贫困县全部摘帽，12.8 万个贫困村全部出列，区域性整体贫困得到解决，完成了消除绝对贫困的艰巨任务，创造了又一个彪炳史册的人间奇迹！乡村振兴战略实施取得的成效，为全面建设社会主义现代化国家奠定了坚实基础。

党的二十大报告指出：全面推进乡村振兴。全面建设社会主义现代化国家，最艰巨最繁重的任务仍然在农村。坚持农业农村优先发展，坚持城乡融合发展，畅通城乡要素流动。加快建设农业强国，扎实推动乡村产业、人才、文化、生态、组织振兴。发展乡村特色产业，拓宽农民增收致富渠道。巩固拓展脱贫攻坚成果，增强脱贫地区和脱贫群众内生发展动力。统筹乡村基础设施和公共服务布局，建设宜居宜业和美丽乡村。

党的十九大以来，每年的中央一号文件都与乡村振兴战略有关。2024 年中央一号文件指出：以学习运用"千万工程"经验为引领，以确保国家粮食安全、确保不发生规模性返贫为底线，以提升乡村产业发展水平、提升乡村建设水平、提升乡村治理水平为重点，强化科技和改革双轮驱动，强化农民增收举措，打好乡村全面振兴漂亮仗，绘就宜居宜业和美丽乡村新画卷，以加快农业农村现代化，更好推进中国式现代化建设。

中国式现代化是人口规模巨大的现代化，是全体人民共同富裕的现代化，是人与自然和谐共生的现代化。开展美丽中国建设行动、美丽乡村建设行动，必须全面推进乡村振兴。

第二节　推动农村人居环境整治

党中央、国务院对农村人居环境整治工作高度重视。2018年2月，中共中央办公厅、国务院办公厅印发了《农村人居环境整治三年行动方案》，指出：改善农村人居环境，建设美丽宜居乡村，是实施乡村振兴战略的一项重要任务，事关全面建成小康社会，事关广大农民根本福祉，事关农村社会文明和谐。近年来，各地区各部门认真贯彻党中央、国务院决策部署，把改善农村人居环境作为社会主义新农村建设的重要内容，大力推进农村基础设施建设和城乡基本公共服务均等化，农村人居环境建设取得显著成效。同时，我国农村人居环境状况很不平衡，脏乱差问题在一些地区还比较突出，与全面建成小康社会要求和农民群众期盼还有较大差距，仍然是经济社会发展的突出短板。《农村人居环境整治三年行动方案》要求：因地制宜、分类指导；示范先行、有序推进；注重保护、留住乡愁；村民主体、激发动力；建管并重、长效运行；落实责任、形成合力。

2021年12月，中共中央办公厅、国务院办公厅再次印发《农村人居环境整治提升五年行动方案（2021—2025年）》，明确指出：改善农村人居环境，是以习近平同志为核心的党中央从战略和全局高度作出的重大决策部署，是实施乡村振兴战略的重点任务，事关广大农民根本福祉，事关农民群众健康，事关美丽中国建设。

《农村人居环境整治提升五年行动方案（2021—2025年）》明确，实施农村人居环境整治提升五年行动的指导思想是：以习近平新时代中国特色社会主义思想为指导，深入贯彻党的十九大和十九届二中、三中、四中、五中、六中全会精神，坚持以人民为中心的发展思想，践行绿水青山就是金山银山的理念，深入学习推广浙江"千村示范、万村整治"工程经验，以

75

农村厕所革命、生活污水垃圾治理、村容村貌提升为重点，巩固拓展农村人居环境整治三年行动成果，全面提升农村人居环境质量，为全面推进乡村振兴、加快农业农村现代化、建设美丽中国提供有力支撑。因此，必须坚持因地制宜、突出分类施策，坚持规划先行、突出统筹推进，坚持立足农村、突出乡土特色，坚持问需于民、突出农民主体，坚持持续推进、突出健全机制的原则。

农村人居环境整治提升五年行动的目标是：到 2025 年，农村人居环境显著改善，生态宜居美丽乡村建设取得新进步。农村卫生厕所普及率稳步提高，厕所粪污基本得到有效处理；农村生活污水治理率不断提升，乱倒、乱排得到管控；农村生活垃圾无害化处理水平明显提升，有条件的村庄实现生活垃圾分类、源头减量；农村人居环境治理水平显著提升，长效管护机制基本建立。

《农村人居环境整治提升五年行动方案（2021—2025 年）》要求：（1）扎实推进农村厕所革命，逐步普及农村卫生厕所，重点推动中西部地区农村户厕改造，切实提高改厕质量，加强厕所粪污无害化处理与资源化利用；（2）加快推进农村生活污水治理，分区分类推进治理，优先治理京津冀、长江经济带、粤港澳大湾区、黄河流域及水质需改善控制单元等区域，重点整治水源保护区和城乡结合部、乡镇政府驻地、中心村、旅游风景区等人口居住集中区域农村生活污水，加强农村黑臭水体治理；（3）全面提升农村生活垃圾治理水平，健全生活垃圾收运处置体系，因地制宜采用小型化、分散化的无害化处理方式，推进农村生活垃圾分类减量与利用，积极探索农村建筑垃圾等就地就近消纳方式，鼓励用于村内道路、入户路、景观等建设；（4）推动村容村貌整体提升，改善村庄公共环境，全面清理私搭乱建、乱堆乱放，整治残垣断壁，通过集约利用村庄内部闲置土地等方式扩大村庄公共空间，推进乡村绿化美化，突出保护乡村山体田园、河湖湿地、原生植被、古树名木等，因地制宜开展荒山荒地荒滩绿化，加强农田（牧场）防护林建设和修复，加强乡村风貌引导，大力推进村庄整治和庭院整治，不搞千村一面，不搞大拆大建，加强传统村落和历史文化名村名镇保护；（5）建立健全长效管护机制，持续开展村庄清洁行动，大力实施以"三清一改"（清理农村生活垃圾、清理村内塘沟、清理畜禽养殖粪污等农业生产废弃物，改变影响农村人居环境的不良习惯）为重点的村庄清洁行动，健全农村人居环境长效管护机制，合理设置农村人居环境整治管护队伍，逐步建立农户合理付费、村级组织统筹、政府适当补助的运行管护经费保障制度；（6）充分发挥农民主体作用，强化基层组织作用，充分发挥农村基层党组织领导作用和党员先锋模范作用，引导村集体经济组织、农民合作社、村民等全程参与农村人居环境相关规划、建设、运营和管理，普及文明健康理念，发挥爱国卫生运动群众动员优势，加大健康宣传教育力度，倡导文明健康、绿色环保的生活方式，提高农民健康素养，大力推进健康村镇建设，完善村规民约，深入开展美丽庭院评选、环境卫生红黑榜、积分兑换等活动，提高村民维护村庄环境卫生的主人翁意识；（7）加大政策支持力度，加强财政投入保障，通过政府和社会资本合作等模式，调动社会力量积极参与投资收益较好、市场化程度较高的农村人居环境基础设施建设和运行管护项目，创新完善相关支持政策，做好与农村宅基地改革试点、农村乱占耕地建房专项整治等政策衔接，落实农村人居环境相关设施建设用地、用水用电保障和税收减免等政策，推进制度规章与标准体系建设，加强科技和人才支撑；（8）强化组织保障，把改善农村人居环境作为各级党委和政府的重要职责，结合乡村振兴整体工作部署，明确时间表、路线图，加强分类指导，优化村庄布局，强化规划引领，完善推进机制，营造良好舆论氛围，总结宣传一批农村人居环境改善的经验做法和典型范例，深入开展宣传报道。

《农村人居环境整治提升五年行动方案（2021—2025 年）》

还要求强化考核激励，将改善农村人居环境纳入相关督查检查计划，检查结果向党中央、国务院报告，对改善农村人居环境成效明显的地方持续实施督查激励。将改善农村人居环境作为各省（自治区、直辖市）实施乡村振兴战略实绩考核的重要内容。继续将农业农村污染治理存在的突出问题列入中央生态环境保护督察范畴，强化农业农村污染治理突出问题监督。各省（自治区、直辖市）要加强督促检查，并制定验收标准和办法，到2025年年底以县为单位进行检查验收，检查结果与相关支持政策直接挂钩。完善社会监督机制，广泛接受社会监督。

按照中央的部署，各省（自治区、直辖市）均已制定农村人居环境整治提升五年行动实施方案，并认真组织实施。相信通过不懈努力，到2025年，我国农村人居环境将会得到显著改善，一大批生态宜居美丽乡村将会展现在世人面前。

第三节　巩固拓展脱贫攻坚成果

我国脱贫攻坚战虽然取得了全面胜利，但要巩固拓展脱贫攻坚成果任务仍比较艰巨。党中央、国务院在2024年的一号文件中强调：落实防止返贫监测帮扶机制，压紧压实防止返贫工作责任，持续巩固提升"三保障"和饮水安全保障成果，确保不发生规模性返贫。

农业农村部对落实中央一号文件精神、持续巩固拓展脱贫攻坚成果提出了明确要求：（1）强化防止返贫监测帮扶，优化动态监测。调整防止返贫监测范围，适时开展集中排查，压紧压实防止返贫工作责任，确保应纳尽纳、应扶尽扶。推动防止返贫监测与低收入人口动态监测信息共享，强化筛查预警，提高监测时效。落实帮扶措施，推动部门落实责任，持续巩固提升"三保障"和饮水安全保障成果。对有劳动能力的监测户全面落实开发式帮扶措施，对无劳动能力的监测户做好兜底保障，对存在因灾返贫风险农户符合政策规定的可先行落实帮扶措施。

研究推动防止返贫帮扶政策和农村低收入人口常态化帮扶政策衔接并轨。（2）分类指导帮扶产业发展。制定分类推进脱贫地区帮扶产业高质量发展指导意见，实施脱贫地区帮扶产业提升行动，增强脱贫地区和脱贫群众内生发展动力。巩固一批，支持市场前景广、链条较完备的帮扶产业，研发新技术新产品，推进产销精准衔接，创响区域公用品牌，促进融合发展。升级一批，支持资源有支撑、发展有基础的帮扶产业，加快补上农业基础设施短板，升级田头保鲜、冷链物流等设施，促进加工增值。盘活一批，推动采取租金减免、就业奖补、金融信贷等措施，支持暂时出现经营困难或发展停滞的帮扶产业纾困。调整一批，及时调整发展难以为继的帮扶产业，妥善解决遗留问题，立足实际规划发展新产业。开展帮扶产业及项目资产运行监测，组织开展帮扶项目资产状况评估，建立健全资产管理机制，符合条件的纳入农村集体资产统一管理。（3）促进脱贫人口稳岗就业。深入开展防止返贫就业攻坚行动，确保脱贫劳动力务工就业规模稳定在3000万人以上。拓宽外出就业渠道。推进"雨露计划＋"就业促进行动、乡村工匠"双百双千"培育工程，鼓励各地组建区域劳务协作联盟，培育脱贫地区特色劳务品牌。促进就地就近就业。加强就业帮扶车间运行监测，引导具备产业升级条件的帮扶车间发展为中小企业。统筹用好乡村公益性岗位，扩大以工代赈规模。实施国家乡村振兴重点帮扶县和大型易地扶贫搬迁安置区就业帮扶专项行动。（4）深化区域协作帮扶。促进区域协调发展。落实国家区域重大战略和区域协调发展战略，分区域制定农业农村发展实施方案，健全协调工作机制。研究建立欠发达地区常态化帮扶机制。加强重点县帮扶。指导160个国家乡村振兴重点帮扶县实施涉农资金统筹整合试点政策，加强整合资金使用监管，推动国有金融机构加大金融支持力度。开展国家乡村振兴重点帮扶县发展成效监测评价。加强对口协作帮扶，持续推进东西部协作，深入实施携手促振兴行动，推进产业合作、劳务协作和消费帮扶。深化中央单位定点帮扶，实施彩票公益金支持革命老区乡村振兴项目，扎实做好农业农村援疆援藏等对口支援工作，协同推进民族地区、边境地区帮扶和乡村发展。加强社会力量帮扶，优化驻村第一书记和工作队选派管理，深入推进"万企兴万村"行动，开展社会组织助力乡村振兴专项活动。

推进美丽乡村建设必须巩固拓展脱贫攻坚成果，确保不发生规模性返贫，让广大农村"望得见山，看得见水，记得住乡愁"，广大农民群众过上美丽幸福的生活。

第四节　实施美丽乡村示范县建设行动

《中共中央 国务院关于全面推进美丽中国建设的意见》要求：开展创新示范。分类施策推进美丽城市建设，实施美丽乡村示范县建设行动，持续推广美丽河湖、美丽海湾优秀案例。推动将美丽中国建设融入基层治理创新。深入推进生态文明示范建设，推动"绿水青山就是金山银山"实践创新基地建设。

美丽乡村示范县建设行动，目前国家有关部门尚未出台具体指导意见。2016年浙江省有关部门制定了《浙江省美丽乡村示范县评价办法（试行）》，并结合"千万工程"组织开展评选美丽乡村示范县活动，推动了全省美丽乡村建设行动。2022年，江西省开始实施"美丽宜居先行县建设"专项提升行动。

2022年9月，农业农村部、住房和城乡建设部联合下发了《关于开展美丽宜居村庄创建示范工作的通知》，决定共同开展美丽宜居村庄创建示范工作。《关于开展美丽宜居村庄创建示范工作的通知》指出：

以习近平新时代中国特色社会主义思想为指导，深入贯彻习近平总书记关于建设宜居宜业和美乡村的重要指示精神，全面落实党中央、国务院有关决策部署，以美丽宜居村庄创建示范为载体，以点带面推进乡村建设，持续改善乡村风貌和人居环境、完善公共基础设施、提升公共服务水平、培育文明乡风，为全面推进乡村振兴贡献力量。

基本原则：

（1）示范引领，分级创建。在全国创建示范一批美丽宜居村庄，引领地方因地制宜开展各级创建示范活动，形成上下联动、分级创建的良好局面。探索形成可学习、可借鉴、可持续、可推广的经验做法，示范带动整体提升。

（2）尊重规律，注重实效。顺应乡村发展规律，合理安排创建示范时序和标准，既尽力而为又量力而行，稳扎稳打、务实推进，防止盲目跟风、一哄而上。立足实际进行创建提升，防止超越发展阶段搞大拆大建，杜绝造盆景、搞形象工程。

（3）因地制宜，有序推进。根据乡村资源禀赋、经济发展水平、风俗文化、村民期盼等，因村施策、有序推进，不搞一刀切、齐步走。注重乡土味道，保留村庄形态，保护乡村风貌，防止简单照搬城镇建设模式，打造各美其美的美丽宜居乡村。

（4）村民主体，政府引导。是否参与创建、建设什么内容等都要充分尊重村民意愿，不搞强迫命令、包办代替。对于积极性高的村，政府要加强指导服务，充分发挥村民主体作用，让村民真正成为参与者、建设者和受益者，持续激发乡村发展的内生动力。

主要目标：

"十四五"期间，争取创建示范美丽宜居村庄1500个左右，引领带动各地因地制宜推进省级创建示范活动，打造不同类型、不同特点的宜居宜业和美丽乡村示范样板，推动乡村振兴。

创建示范标准：

美丽宜居村庄以行政村为单位，通过创建示范达到环境优美、生活宜居、治理有效等要求，与全面推进乡村振兴的要求相适应。美丽宜居村庄创建示范标准将根据乡村振兴工作要求和示范推进实践效果进行动态调整。

同等条件下，符合下列情形之一的优先支持创建：（1）村或村"两委"班子成员获得省部级以上荣誉称号；（2）具备连片创建示范条件的核心村；（3）有稳定建管资金和机制保障的行政村。

创建示范程序：

（1）组织创建。各地农业农村、住房和城乡建设部门动员组织辖区内行政村积极参与，对照创建示范标准，组织引导村民自愿进行创建提升。

（2）推荐申报。农业农村部、住房和城乡建设部确定各省（自治区、直辖市）、新疆生产建设兵团"十四五"期间推荐总名额。各地按年度开展推荐，年度推荐名额根据创建示范工作进展自定。各地县级农业农村、住房和城乡建设部门将符合条件村庄的申报材料，按程序报送至省级农业农村、住房和城乡建设部门。省级农业农村、住房和城乡建设部门对申报材料进行审查，并组织实地核查，择优向农业农村部、住房和城乡建设部推荐。

（3）评审认定。农业农村部、住房和城乡建设部对省级农业农村、住房和城乡建设部门提交的推荐材料组织专家评审，并根据实际情况适时开展实地抽查。对通过评审的村，经公示无异议后发文认定命名。

（4）经验总结。各地农业农村、住房和城乡建设部门对创建示范工作进行总结，通过编印简报、现场观摩等方式，大力宣传创建示范经验做法和成效，切实发挥示范引领作用。农业农村部、住房和城乡建设部将采取适当方式对典型经验做法进行宣传推介。

（5）动态管理。农业农村部、住房和城乡建设部对已命名的美丽宜居村庄实施动态监测评估，对存在问题的督促限期整改，对整改不力的取消美丽宜居村庄称号，并调减所在省份推荐名额。

保障措施：

（1）加强组织领导。省级农业农村、住房和城乡建设部门要将美丽宜居村庄创建示范活动作为实施乡村建设行动、全面推进乡村振兴的重要载体，精心组织、强化协作，切实抓紧抓好。要制定本地区创建示范工作方案，突出创建过程，注重探索经验，确保各项创建示范工作落到实处。要严格创建示范标准和程序，主动接受群众和社会监督，确保公平公正公开。

（2）强化指导服务。各地农业农村、住房和城乡建设部门要加强实地调查，强化业务指导和培育引导，积极引导和支持设计下乡，扎实推进创建示范工作。鼓励各地按照"储备一批、创建一批、认定一批"的机制梯次推进。

（3）加大政策支持。对获得美丽宜居村庄称号的行政村，农业农村部、住房和城乡建设部在项目安排、政策试点等方面予以优先考虑、适当倾斜。对获得美丽宜居村庄称号的行政村"两委"班子及其成员，地方有关部门可制定相关激励措施。

（4）大力宣传推广。各地农业农村、住房和城乡建设部门要利用各类媒体宣传推广美丽宜居村庄创建示范经验做法和成效，扩大美丽宜居村庄影响力，营造良好社会氛围。

美丽宜居村庄创建示范标准指标表如表6-1所示。

美丽宜居村庄创建示范标准指标表　　　表6-1

一级指标	二级指标	指标内容
环境优美（30分）	1. 整体风貌	村庄布局合理，村庄形态与自然环境有机融合，村庄建设顺应地形地貌，彰显乡土特征和地域特色，整体风貌和谐
	2. 自然风光	山水林田湖草等自然资源得到有效保护和修复，不挖山填湖、不破坏水系、不砍老树
	3. 田园景观	村域内农田、牧场、林场、渔塘等田园景观优美，避免破坏性开发和过度改造
	4. 环境保护	工业污染物、农业面源污染得到有效控制，农业生产废弃物基本实现资源化利用。推广使用清洁能源。推进农村人居环境整治提升，村庄干净整洁有序

一级指标	二级指标	指标内容
生活宜居 （40分）	1.宜居农房	开展农村危房改造和农房抗震加固，村内无危房。推广"功能现代、成本经济、结构安全、绿色环保、与乡村环境相协调"的现代宜居农房建设，满足农民现代生产生活需要。农房建设管理规范有序，新建农房有审批，农房风貌协调
	2.街巷院落	村庄街巷、公共空间等保持传统乡村形态、尺度宜人，古树名木、石阶铺地、井泉沟渠等乡村景观保护良好，街巷院落干净整洁，广泛开展美丽庭院创建活动。积极采用乡土树种、果蔬对公共空间、房前屋后进行绿化美化
	3.基础设施	基础设施完善，长效管护措施到位，管理维护良好。村庄道路硬化亮化，供水安全清洁，供电稳定，网络畅通，消防和防灾减灾设施齐全。基本普及卫生厕所，农村生活垃圾收运处置体系和生活污水治理设施完善
	4.公共服务	农村教育、文化、医疗、养老、文化体育、应急救援等基本公共服务体系健全，居民享受公共服务可及性、便利性高。设置寄递物流和电商服务网点、益农信息社等服务平台，满足村民需求
治理有效 （30分）	1.共建共治	强化党建引领，村级党组织领导有力，村民自治制度健全，村民议事协商形式务实有效，村民主动参与村庄事务，共建共治共享美好家园
	2.共同富裕	因地制宜发展特色产业，村集体经济可持续发展，村民人均可支配收入达到所在省份平均水平，村民获得感、幸福感、安全感显著提升
	3.文化传承	充分挖掘和保护村庄物质和非物质文化遗存，传承优秀传统文化。保护利用文物古迹、传统村落、民族村寨、传统建筑、农业文化遗产、灌溉工程遗产。培育乡村建设工匠、乡村"明白人""带头人"
	4.乡风文明	社会主义核心价值观融入村民日常生活，村规民约务实管用，乡风民风淳朴、邻里和谐，推进移风易俗

自 2023 年开始,美丽宜居村庄创建示范工作已经在全国展开。

2021 年 6 月,江西省人民政府办公厅印发了《江西省开展美丽乡镇建设五年行动方案》。

《江西省开展美丽乡镇建设五年行动方案》指出:乡镇是统筹城乡发展、推进乡村振兴的桥梁和纽带,在经济社会发展中发挥着基础性作用。近年来,全省乡镇建设发展取得长足进步,建成一批特色镇、示范镇,但乡镇建设发展明显滞后于城市和农村。为深入贯彻落实省委、省政府高标准打造美丽中国"江西样板"的部署要求,持续推进城乡环境综合整治,巩固整治成果,打造城乡环境综合整治升级版,助力乡村振兴,建设美丽乡镇,制定本方案。

《江西省开展美丽乡镇建设五年行动方案》明确,美丽乡镇建设的总体要求是:以习近平新时代中国特色社会主义思想为指导,坚持以人民为中心的发展思想,聚焦"作示范、勇争先"目标定位,以习近平生态文明思想引领美丽乡镇建设。通过五年努力,全面改善乡镇环境,提高乡镇服务农民的功能,着力解决环境脏乱差、功能设施滞后、特色缺失、管理薄弱等问题,让乡镇成为人们向往的宜居幸福家园,努力建设一批功能完善、环境优美、宜居宜业、特色鲜明的精品乡镇,让居民"望得见山、看得见水、记得住乡愁",助推乡村振兴和江西高质量跨越式发展。其基本原则为:以人为本,尊重民意;因地制宜,分类施策;量力而行,循序渐进;持续推进,标本兼治。

《江西省开展美丽乡镇建设五年行动方案》工作目标为:以全省乡镇(不含城关镇)为对象,以乡镇政府驻地为重点,兼顾周边村庄,将农林垦殖场、不在城区的工矿区纳入乡镇建设发展统筹考虑、同步推进。实施以"一深化三提升"为主要内容的美丽乡镇建设行动,力争用 5 年左右的时间实现乡镇镇区功能与品质"年年有变化,三年大变样,五年创特色"。原则上每个县 2025 年至少建成 2 个以上示范类乡镇;全域旅游县辖区内原则上所有乡镇均按提升类以上标准建设，示范类乡镇比例不低于30%；符合条件的国家级和省级特色小镇、中国历史文化名镇、全国重点镇，应创建示范类。基础类的乡镇以完成"一深化"为主要目标，补齐与居民生产生活相关的基本功能设施；提升类、示范类在此基础上，进一步完善其他功能设施，全面提高镇区建设水平，做好乡镇风貌管控和引导，探索创新管理镇区的工作机制；示范类要打造一流镇区设施和景观，塑造具有本地特色的城镇风貌，提升镇区综合管理水平。到2023年，全省所有乡镇脏、乱、差的现象基本解决，干净整洁有序，服务功能持续增强、乡容镇貌大为改观、乡风民风更加文明，居民幸福感、获得感显著增强，全省100个左右的乡镇达到美丽乡镇示范镇要求。到2025年，全省300个左右的乡镇达到美丽乡镇示范镇要求。

主要任务为：

（1）持续深化环境综合整治，实现"环境美"。实施垃圾污水专项攻坚行动，全面整治主次干道、大街小巷、镇村接合部、集贸市场、房前屋后、公园广场、车站码头、建筑工地、学校周边和公共厕所等重点区域的环境卫生，推进城乡环卫"全域一体化"第三方治理，示范类乡镇实现生活垃圾"零填埋"；加快完善乡镇镇区及周边村生活污水管网系统，提升类镇区生活污水处理率力争达到50%以上，示范类镇区生活污水实现"零直排"。统筹推进卫生乡镇创建行动，截至2023年底，省级卫生乡镇创建比例达到30%，国家级卫生乡镇创建比例达到10%；到2025年，省级卫生乡镇创建比例达到50%，国家级卫生乡镇创建比例进一步提高。实施水体清洁专项攻坚行动，加强乡镇的河流、湖泊、池塘、沟渠等各类水域保洁，保持水面、岸边干净清洁，实施水环境综合整治，切实做到水清湖（河）美。实施"道乱占"专项整治攻坚行动，清理国省干道、农村公路及镇区道路沿线店铺非法占道经营、占道违建、占道晒谷物、占道堆物等，整治拆除道路沿线的违法建筑物、构筑物，确保道路畅通。实施"车乱开"专项整治攻坚行动，重点整治车辆乱开乱停乱放、车辆和行人不按信号灯通行、机动车和非机动车不按道行驶、车辆违反规定载人、酒后驾驶、无证驾驶等违法行为，严禁无牌电动车和摩托车上路行驶。实施"农贸市场改造提升"专项攻坚行动，实现每个乡镇至少建有一个室内或钢棚结构的集贸市场，示范类乡镇要按照《商务部办公厅关于印发"双百市场工程"农贸市场建设标准和验收规范的通知》（商建字〔2009〕88号）的有关要求进行建设，合理划定街道摊贩设置点，规范出店经营。实施"乱搭乱建、违法建筑"专项拆除整治攻坚行动，清理和拆除房前屋后、背街小巷乱搭乱建的非法简易附属用房，依法依规拆除和回收空心房、危旧房，基本消除违法建筑；建立日常管控机制，严格执行建房规划许可制度，逐步推行农村建筑工匠培养管理制度，杜绝无序建房。实施"线乱拉"专项整治攻坚行动，整治户外架空线违章乱架行为，着力解决乱接乱牵、乱拉乱挂的"空中蜘蛛网"现象；所有镇区实现千兆光纤网络、5G移动网全覆盖，鼓励具备条件的乡镇积极推进燃气管道入户。实施沿街立面专项整治攻坚行动，清理和规范设置沿街防盗窗、遮阳檐篷、空调室外机、卷闸门等设施和门牌、广告牌匾、灯箱标识等指示标牌，门店招牌一店一牌、整齐美观，路牌、站牌统一制作设置，公益性宣传标语设置规范、美观；加强老旧小区提档整治，改善居住环境。

（2）全面提升镇区功能，实现"生活美"。完善道路交通设施，打通"断头路"，提高道路通达性；强化管养维护，提高路面完好率；示范类乡镇要将无障碍设施、海绵城市建设理念融入道路建设系统；新建和改造一批公共停车场。提升便民服务设施，所有乡镇应建设综合便民服务中心，做到乡村和城镇居民办事"只进一扇门、最多跑一次"。完善医疗卫生设施，所有乡镇的医院建设规模、标准符合《乡镇卫生院建设标准》（建标107—2008），按照镇域人口总数合理计算床位和建设规模，同时配备防保站或公共卫生科等设施，努力实现"小病不出乡镇"。普及学前教育，完善义务教育学校的设施建设，改善乡镇寄宿制学校办学条件，示范类乡镇因地制宜推进职业教育、社区教育、老年教育。加快养老设施建设，基础类和提升级类的乡镇至少建有一所设施设备较为完善的养老院，示范类乡镇至少建有一所服务设施完善、设备齐全、护理水平良好的养老机构。完善文体设施，各乡镇应有一个综合文化站，一个室外公共标准灯光篮球场；示范类乡镇确保每个社区建有一个图书室或文化家园，提升类、示范类乡镇应建设健身广场，配备篮球架、足球门、乒乓球台、羽毛球网柱、室外健身路径等器材，并可结合中小学校或单独建设足球场。全域旅游县重点发展的乡镇要建设旅游集散中心，其他乡镇也应当完善旅游服务设施，发展精品民宿、农家乐等，健全旅游标识设施。合理设置农村生产物资供应网点、可再生资源回收网点、农机专业合作网点和快递网点。所有乡镇应按照"300m见绿、500m见园"的要求，大力实施植树增绿、见缝插绿、拆违补绿、拆墙透绿行动，多植乔木和乡土、彩色树种，做好庭院绿化、公园绿化、道路绿化；合理配备路灯设施，实现照明达标；示范类乡镇、全域旅游的乡镇和有条件的乡镇要通过系统设计，把各类自然、人文、生态、农业景观等资源"串点成线"，形成集"绿化、文化、活化、美化"一体的休闲观光绿道，进行必要的美化亮化。健全防灾减灾设施，合理设置应急避灾场所、通道和物资储备站点，示范类型乡镇要综合运用生态技术，增强防洪管理能力；要建有乡镇灾害事故预警信息传播系统；所有乡镇要设置消防救援队站，配备基本消防通信设备和消防装备设施。

（3）全面提升镇区品质，实现"人文美"。保护历史文化传统，国家、省级历史文化名镇名村、传统村落要实现应保尽保；鼓励改造利用老厂房老设施，积极发展文化创意、工业旅游、演艺会展等功能，植入商贸、健康、养老服务等生活服务功能。塑造特色风貌，注重保护和延续乡镇的自然景观，挖掘乡镇的地域特色，注重显山露水、塑造田园风光，打造具有江西地方特色的美丽乡镇。加强环境设计。示范类的乡镇要做好民居风貌提升改造，加强对建筑外立面设计、建筑色彩的引导和控制，提升空间环境品质；示范类和有条件的提升类乡镇要对重要街区、重点地段和重要节点开展项目设计，展现浓郁的市井文化、民俗风情和地方特色，塑造网红打卡景点。

（4）全面提升管理水平，实现"治理美"。要建立长效管理机制，加快构建"大数据"管理服务平台，整合公安、自然资源、住房城乡建设行业、政务服务平台等与乡镇管理相关的资源；逐步推进成立乡（镇）综合执法大队，承担乡（镇）综合执法管理任务；推行实施"街长制"，由镇干部或工作人员任街长，对落实门前责任制、卫生保洁、规范经营、红白喜事、宠物管理等情况进行动态巡查，解决环境综合整治阶段性问题。提升社会治理体系和治理能力建设，坚持党建引领，深入开展美好环境与幸福生活共同缔造活动，构建共建共治共享的社会治理格局。加强精神文明建设，继承和发扬优秀传统文化和传统美德，广泛开展社会主义核心价值观宣传教育，推进习近平新时代中国特色社会主义思想在乡村深入人心，不断夯实新时代中国特色社会主义思想道德基础，开展文明村、文明镇创建活动。

开展美丽乡镇建设的保障措施：一是加强组织领导，实行省市统筹、县级负总责、乡镇抓落实的工作推进机制；省直有关部门出台配套支持政策，开展专项行动，形成工作合力；市县政府定期研究本地区美丽乡镇建设工作，抓好重点任务分工、重大项目实施、重要资源配置等工作，出台实施方案，以乡镇为单位制定差别化目标任务；乡镇做好具体组织实施工作，主要负责同志亲自推进，选优配强一线工作队伍。二是落实经费保障，建立以县为主、省市奖补的经费保障机制，各市、县（区）要将上级转移支付资金更多向乡镇建设工作倾斜，可通过依法发行专项债的方式筹措资金用于补短板、惠民生的基础设施项目建设；鼓励创新乡镇建设发展投融资机制，大力推进政府和社会资本合作。三是用足土地政策，支持有条件的乡镇依法开展城乡建设用地增减挂钩，增减挂钩指标在保障拆旧地块农民安置用地的基础上，应主要用于镇村联动、新农村建设等；乡镇现有的存量划拨用地，符合规划和相关规定的，依法经原批准用地的人民政府批准，可转为经营性用地。四是强化督查指导，建立健全考核办法和评价体系，省领导小组办公室会同省直有关部门组织开展不定期督查和中期评估，考核结果纳入市县高质量发展和乡村振兴考核体系。五是加强宣传发动，要充分利用广播、电视、报刊、网络和融媒体等多种载体，积极开展美丽乡镇建设行动宣传，充分调动基层干部和居民群众的积极性、主动性和创造性，加快形成全民共建、全民共享的良好氛围；要及时总结经验，加强交流学习，不断巩固提升整治成效和管理水平。

自开展美丽乡镇建设五年行动以来，在各级党委、政府的领导下，江西省有关部门认真按照行动方案组织实施，已取得阶段性成果，乡镇面貌发生了较大的变化。

借鉴有些地方的做法，笔者认为，实施美丽乡村示范县建设行动，应从以下几方面考虑：

（1）要有一个明确的目标。美丽乡村示范县是一个地区美丽乡村建设的"领头羊"，起着示范带头作用。创建美丽乡村示范县，省、市、县都要必须有一个明确的目标，在制定相关规划时提出具体的目标要求，如某省、某市3～5年内要力争创建多少个美丽乡村示范县。对于有条件、有基础的县也应积极响应，结合实际提出本县创建的具体目标。只有目标明确，美丽乡村示范县建设才有动力。

（2）要确定示范县建设行动内容。美丽乡村示范县建设建什么、怎样建？1）要有规划，包括创建规划、国土空间规划、乡镇规划和村庄规划，各项建设严格按规划组织实施；2）要有行动计划，从农村人居环境整治入手，加大对违章建筑、环境卫生、污水排放、面源污染等的整治力度，全面提升农村环境质量；3）要努力补齐农村基础设施建设的"短板"，对照《美丽乡村建设指南》GB/T 32000—2015，结合实际逐步完善基础设施；4）要加强管理，规范农村房屋建设，注重村容村貌，让乡村建设更加美丽。

（3）要创建一套便于推广复制的经验。在开展美丽乡村示范县建设过程中，要勇于开拓进取、不断创新，探索和积累经验，吸取教训，使之在全市、全省乃至全国起示范带动作用。

（4）要建立规范的评价考核办法。在相关政策的推动下，各地都在开展创建美丽乡村示范县，上级政府及相关部门要因势利导，通过调查研究，制定相应的评价与考核办法，明确基本条件及工作要求，规范创建工作。建议对示范县进行动态管理，如在当地起不到示范作用的，应及时予以调整。

第七章　相关政策措施

推进美丽乡村建设，必须制定完善相关政策措施。要进一步深化改革，完善体制机制，突出规划先行，强化激励政策，多方筹措美丽乡村建设资金，积极推行精细管理，切实加强组织领导，认真开展绩效考核。相关政策措施的制定与执行，必将推进美丽乡村建设目标早日实现。

第一节　完善体制机制

《中共中央 国务院关于全面推进美丽中国建设的意见》强调：改革完善体制机制。深化生态文明体制改革，一体推进制度集成、机制创新。强化美丽中国建设法治保障，推动生态环境、资源能源等领域相关法律制定修订，推进生态环境法典编纂，完善公益诉讼，加强生态环境领域司法保护，统筹推进生态环境损害赔偿。加快推进美丽中国建设重点领域标准规范制定修订，开展环境基准研究，适时修订环境空气质量等标准，鼓励出台地方性法规标准。

推进美丽乡村建设，必须进一步深化改革，完善体制机制。美丽乡村建设涉及生态环境、农业农村、自然资源、住房和城乡建设、发展改革、财政、水利、林草等多个部门，应在各级党委、政府领导下，由一个部门牵头、各相关部门配合，形成合力。创新美丽乡村建设机制，建立健全相关制度、标准规范，加快相关法律法规的制定修订，如制定《国土空间规划法》、修订《村庄和集镇规划建设管理条例》（国务院令第 116 号）；出台地方性法规，如《江西省村镇规划建设管理条例》《江西省传统村落保护条例》等。要牢固树立"绿水青山就是金山银山"

的理念，在美丽乡村建设过程中努力做到"不推山、不填塘、不砍树"，尽可能保持美丽乡村的田园风光。

在创新体制机制方面，应对改革开放以来乡村规划建设管理工作进行认真地回顾，总结成功的经验，找出主要矛盾和问题，完善相关法律法规与政策。要勇于开拓进取，拟定新的政策措施，通过开展试点进行探索，然后加以推广应用。

第二节　突出规划先行

规划是乡村建设和管理的"龙头"，实施美丽乡村建设规划必须先行。要按照自然资源（规划）部门的统一部署，扎实做好省、市、县、乡镇等层次的国土空间总体规划编制与实施，同时依据国土空间规划大力推进乡村规划的编制，力争在较短的时间内实现乡村规划的全覆盖。

以往的村镇规划内容相对简单，指导性不够强，且与土地利用等规划不完全吻合。有的规划编制单位现场调研走马观花，单纯向乡镇、村索要相关材料，然后闭门造车，甚至整县整乡"克隆"规划，这样的规划只能是"纸上画画、墙上挂挂"，形式上有规划，实施时却抓瞎。规划的浪费不仅表现在无规划瞎建设，建了拆、拆了建；而且还体现在规划编制质量问题上，质量不高、指导作用不强的规划造成的浪费同样不可低估。

新一轮乡村规划的编制，应在上位国土空间规划的指导下，按照自然资源（规划）部门拟定的标准进行。规划编制单位应深入乡村调查研究，掌握第一手资料，与乡村干部群众一道研究讨论美丽乡村规划建设的未来。规划一定要结合实际，适度超前，切忌生搬硬套、照搬照抄，也不要异想天开、脱离实际。

村镇规划初稿完成后，应充分征求当地相关部门及广大干部群众的意见，规划编制单位再根据所征集的意见进行修改，然后按规定的程序报批。

规划先行除超前编制村镇规划外，在美丽乡村建设与管理过程中都必须严格遵守规划，做到"无规划不得开工建设、不符合规划不得审批项目"。规划职能划归自然资源部门后，乡村规划的管理体制理顺了，管理机构及队伍配齐了，依法管理的条件也具备了，如果再出现违反规划乱搭乱建、乱占用土地建房，将依法依规严肃追究责任。

据报道，2021年四川省在全国创新提出以片区为单元编制国土空间规划，并在什邡市进行试点。其核心是打破县域行政区划和建制界限，推动经济区和行政区适度分离，重塑乡村经济和治理格局。即在不打破乡镇行政区划的前提下，从经济体量角度考察，以2～5个乡镇（街道）为一个片区开展划片编制规划；选择基础条件好、辐射能力强的建制镇作为中心镇，引导其成为片区人口吸纳、产业承载、公共服务和交通物流等的核心；统筹片区发展布局和资源投放，在更大范围内促进产业集聚和协作，培育区域经济支点；统筹片区内基础设施建设，资源共享；突出发展导向，宜农则农、宜工则工、宜商则商、宜旅则旅，助推形成"一片区、一主业、一特色"发展格局。片区国土空间规划和专项规划同步编制，既有总体的蓝图引领，又有细化的实施路径。四川省的做法体现了"美丽乡村建设、规划必须先行"的原则，可供其他地方借鉴。

第三节　强化激励政策

美丽中国建设必须强化激励政策。健全资源环境要素市场化配置体系，把碳排放权、用能权、用水权、排污权等纳入要素市场化配置改革总盘子。强化税收政策支持，严格执行《中华人民共和国环境保护税法》，完善征收体系，加快把挥发性有机物纳入征收范围。加强清洁生产审核和评价认证结果应用。综合考虑企业能耗、环保绩效水平，完善高耗能行业阶梯电价制度。落实污水处理收费政策，构建覆盖污水处理和污泥处置成本并合理盈利的收费机制。完善以农业绿色发展为导向的经济激励政策，支持化肥农药减量增效和整县推进畜禽粪污收集处理利用。建立企业生态环保费用提取使用制度。健全生态产品价值实现机制，推进生态环境导向的开发模式和投融资模式创新。推进生态综合补偿，深化横向生态保护补偿机制建设。强化财政对美丽中国建设支持力度，优化生态文明建设领域财政资源配置，确保投入规模同建设任务相匹配。大力发展绿色金融，支持符合条件的企业发行绿色债券，引导各类金融机构和社会资本加大投入，探索区域性环保建设项目金融支持模式，稳步推进气候投融资创新，为美丽中国建设提供融资支持。

美丽乡村建设同样必须强化激励政策。要大胆运用好促进乡村振兴的各项激励政策，包括专项资金、土地、人才、环保、农业、财税、金融、生态补偿等，尤其是对美丽乡村建设示范县，本着"先行先试"的原则，相关激励政策要放得更开一些。要通过试点示范，探索和积累经验，拟定相关可复制推广的政策措施。如浙江省"千万工程"的经验和相关政策、贵州省抓少数民族特色村寨的经验和相关政策、江西省抓传统村落保护利用的经验和相关政策等。"政策和策略是党的生命"，相关激励政策的制定与实施必将大大推动美丽乡村建设。

第四节　多方筹措资金

乡村建设量大面广，且历年来基础设施建设欠账较多，因此实施美丽乡村建设不可能一蹴而就，必须面对现实、努力克服困难，扎扎实实推进。

实施美丽乡村建设，必须解决钱从哪里来的问题。当前各地面临的最大困难仍是建设资金不足、投资渠道不畅，必须进一步解放思想、更新观念、深化改革、完善政策，多渠道筹措乡村建设资金。

（1）用好用足政策。党和国家历来对农村采取"多予、少取、放活""工业反哺农业、城市支持农村"的政策。近年来的中央一号文件相继出台了一系列支农惠农的优惠政策，如2024年中央一号文件明确：完善乡村振兴多元化投入机制。坚持将农业农村作为一般公共预算优先保障领域，创新乡村振兴投融资机制，确保投入与乡村振兴目标任务相适应。落实土地出让收入支农政策。规范用好地方政府专项债券等政策工具，支持乡村振兴重大工程项目建设。强化对信贷业务以县域为主的金融机构货币政策精准支持，完善大中型银行"三农"金融服务专业化工作机制，强化农村中小金融机构支农支小定位。分省分类推进农村信用社改革化险。创新支持粮食安全、种业振兴等重点领域信贷服务模式。发展农村数字普惠金融，推进农村信用体系建设。发挥全国农业信贷担保体系和政府投资基金等作用。强化财政金融协同联动，在不新增地方政府隐性债务的前提下，开展高标准农田和设施农业建设等涉农领域贷款贴息奖补试点。鼓励社会资本投资农业农村，有效防范和纠正投资经营中的不当行为。加强涉农资金项目监管，严厉查处套取、骗取资金等违法违规行为。

（2）管理好建设用地。改革开放以来，在多渠道筹措城市建设资金方面，各地成功探索了不少经验，其中"以地生财"是一条重要的经验，即在严格执行规划的前提下对规划区内的建设用地实行集中征用、统一开发，将"生地"变成"熟地"，再由政府指定的部门对建设用地进行公开招标、集中拍卖、挂牌上市，所得收益用于城市基础设施建设，大大缓解了城市建设资金不足的矛盾。这一做法同样可适用于美丽乡村建设。中央要求调整完善土地出让收入使用范围，进一步提高农业农村投入比例，建立新增耕地指标和城乡建设用地增减挂钩节余指标跨省域调剂机制，将所得收益通过支出预算全部用于巩固脱贫攻坚成果和支持实施乡村振兴战略。还允许在符合土地利用总体规划前提下，集体经营性建设用地入市；允许县级政府调整优化村庄用地布局，有效利用农村零星分散的存量建设用地；预留部分规划建设用地指标用于单独选址的农业设施和休闲旅游设施等建设。这些措施都为美丽乡村建设开辟了资金渠道，因此必须打好建设用地这张"牌"，以地生财筹措美丽乡村建设资金。

（3）强化金融服务。金融支持是加快美丽乡村建设步伐的重要手段。中央要求：金融机构要加大支农支小再贷款、再贴现支持力度，实施更加优惠的存款准备金政策；支持各类金融机构探索农业农村基础设施中长期信贷模式；加快农村信用社改革，深入开展农村信用体系建设，发展农户信用贷款；坚持农村金融改革发展的正确方向，健全适合农业农村特点的农村金融体系，推动农村金融机构回归本源，把更多金融资源配置到农村经济社会发展的重点领域和薄弱环节，更好满足乡村振兴多样化金融需求。要强化金融服务方式创新，防止脱实向虚倾向，严格管控风险，提高金融服务乡村振兴能力和水平。相信随着国家金融支持服务政策的落地，将为美丽乡村建设开辟更多的融资渠道。

（4）拓宽改革路子。统筹美丽乡村建设资金的出路在于改革，要通过不断深化改革，积极探索拓宽乡村建设资金的渠道。如优化乡村营商环境，加大农村基础设施和公用事业领域开放力度，吸引社会资本投入乡村建设；规范有序盘活农业农村基础设施存量资产，回收资金主要用于补短板项目建设；继续深化"放管服"改革，鼓励工商资本投入农业农村，为乡村振兴提供综合性解决方案；鼓励利用外资开展现代农业、产业融合、生态修复、人居环境整治和农村基础设施等建设；推行宅基地使用制度改革，推广"一事一议、以奖代补"等方式，鼓励农民对直接受益的乡村基础设施建设投工投劳，让农民更多参与建设管护等。群众是真正的英雄，只有相信群众、依靠群众，发挥群众的创造才智，大胆地试，大胆地闯，才能闯出一条筹措美丽乡村建设资金的新路子。

第五节　推行精细管理

"三分建设、七分管理"，实施美丽乡村建设也不例外。一些地方只重视建设而忽视管理，导致出现"建新不拆旧、有新房无新村"等现象。建设社会主义新农村，实施美丽乡村建设，必须进一步强化管理。

（1）建立健全村规民约，依靠村民自治组织管理好美丽乡村建设。在相关法律法规规章的指导下，结合当地实际，制定村规民约，并要求村民自觉遵守，是管理好乡村建设的前提。村民居住相对分散，光靠乡镇政府的力量很难管理好，实践证明村民自治是村庄治理行之有效的方法，必须持之以恒。

（2）组织开展相关活动。为提高乡村生产生活环境质量，国家有关部门近年来组织开展了一系列活动，如农村人居环境整治提升五年行动、美丽乡村建设五年行动、村庄清洁行动、绿化美化行动等。开展相关活动不能只注重形式，更要注重质量，要努力通过这些积极有益的活动，提升乡村人居环境质量，提高乡村规划建设管理水平。

（3）抓好日常管理工作。除相关部门阶段性组织开展一系列积极有益的活动外，依法依规抓好美丽乡村建设的日常管理工作也非常重要。乡村建设管理内容广泛，包括规划、建设用地、房屋及基础设施建设、供电供水、供气供热、邮电通信、园林绿化、环境卫生等。在实施美丽乡村建设行动中，应进一步完善各方面的管理规章制度，用制度管人管事，使乡村建设走上法治轨道。不可以偏概全，以某一中心活动来代替日常管理工作。

（4）依法创新管理机制。随着乡村振兴战略的深入实施、相关法律法规的不断完善，必须紧跟时代发展步伐，紧密结合实际，不断创新乡村建设的管理体制机制。改革与发展是我国面临的两大主题，乡村建设也不例外，实践中会出现许多新情况、新问题，只有继续深化改革、开拓创新才能进一步解放思想、更新观念、完善机制，强化美丽乡村建设管理工作。

第六节　加强组织领导

《中共中央　国务院关于全面推进美丽中国建设的意见》明确提出：加强组织领导。坚持和加强党对美丽中国建设的全面领导，完善中央统筹、省负总责、市县抓落实的工作机制。充分发挥中央生态环境保护督察工作领导小组统筹协调和指导督促作用，健全工作机制，加强组织实施。研究制定生态环境保护督察工作条例。深入推进中央生态环境保护督察，将美丽中国建设情况作为督察重点。持续拍摄制作生态环境警示片。制定地方党政领导干部生态环境保护责任制规定，建立覆盖全面、权责一致、奖惩分明、环环相扣的责任体系。各地区各部门要把美丽中国建设作为事关全局的重大任务来抓，落实"党政同责、一岗双责"，及时研究解决重大问题。各级人大及其常委会加强生态文明建设立法工作和法律实施监督。各级政协加大生态文明建设专题协商和民主监督力度。

美丽乡村建设是美丽中国建设的一部分，同样必须加强组织领导。美丽乡村建设的组织领导重点在县、乡两级。县、乡级党委政府应根据实际设立相应的领导和工作机构，以"三农"工作为重点，主要领导亲自抓、分管领导具体抓，各相关部门形成职责明确、分工合作机制，不扯皮推诿。要健全村级组织，注重发挥村"两委"在美丽乡村建设中的领导和示范作用，抓好基层组织领导工作。要切实加强美丽乡村建设的组织工作，结合当地实际制定《美丽乡村建设实施方案》，明确目标，拟定措施，强化责任，抓好检查考核，将美丽乡村建设的每一项工作落到实处。

第七节　开展成效考核

《中共中央 国务院关于全面推进美丽中国建设的意见》要求：开展成效考核。开展美丽中国监测评价，实施美丽中国建设进程评估。研究建立美丽中国建设成效考核指标体系，制定美丽中国建设成效考核办法，适时将污染防治攻坚战成效考核过渡到美丽中国建设成效考核，考核工作由中央生态环境保护督察工作领导小组牵头组织，考核结果作为各级领导班子和有关领导干部综合考核评价、奖惩任免的重要参考。

浙江省抓"千万工程"，年初把工作任务分解落实到各级各部门，过程中开展常态化明察暗访，年末总结考核、兑现奖惩。该省有关部门还制定了《浙江省美丽乡村示范县评价办法》，通过评价考核对荣获美丽乡村示范县进行表彰，极大地推进了美丽乡村建设。

《美丽乡村建设指南》GB/T 32000—2015 对村庄规划、村庄建设、生态环境、产业发展、公共服务、乡风文明、基层组织、长效管理等方面均提出了具体要求，有关部门在制定美丽乡村建设成效考核办法时，可依据国家标准并结合各行业管理的实际，进一步明确考核的相关要求。考核标准不宜过细，且需结合当地的经济社会发展情况。建议国家有关部门提出一个宏观性的指导意见，具体考核标准由各省（直辖市、自治区）制定。

考核标准确定后，应严格按照标准对各地的美丽乡村建设工作进行成效考核。考核要坚持标准、注重实效，多听基层干部群众的意见，防止出现官僚主义、形式主义、弄虚作假、欺上瞒下等不正之风。考核结果应在一定范围内进行公示，接受媒体与群众监督。通过考核建立激励机制，更好地推动美丽乡村建设。

第八章　美丽乡村建设做法

与美丽乡村建设相关的案例较多，通过精心挑选，本书推荐了浙江省实施"千万工程"经验、江西传统村落保护利用、湖南省乡村建设行动实施方案、美丽江西建设规划纲要（2022—2035年）、江西省农村人居环境整治提升五年行动实施方案5个案例，从不同侧面反映各地的经验及做法，供参考借鉴。

第一节　浙江省实施"千万工程"经验

"千村示范、万村整治"工程（以下简称"千万工程"）是习近平总书记在浙江工作时亲自谋划、亲自部署、亲自推动的一项重大决策，全面实施20年来深刻改变了浙江农村的面貌。

浙江省国土面积为10.18万km²，总人口6627万人，共有行政村32980个。在习近平同志的倡导下，2003年浙江省启动了"千村示范、万村整治"工程，计划用5年时间，对1万个村进行环境整治，以达到"环境整洁、村貌美化、设施配套、布局合理"的目标；其中要把1000个左右的村建设成物质文明、政治文明、精神文明协调发展的示范村和农村新社区。该工程实施20年来，呈现出以下五个可喜发展态势：（1）从重点突破自然村落向连片整治演进；（2）从着力改善村容村貌向整体治理区域环境演进；（3）从率先整治人居环境开始向配套发展社区服务演进；（4）从就地改造自然村落开始向集聚优化村庄布局演进；（5）从单纯建设村庄环境开始向联动开发特色产业演进。

20年来，浙江持之以恒实施"千万工程"，探索出一条加强农村人居环境整治、全面推进乡村振兴、建设美丽中国的科学路径。

在浙江工作期间，习近平同志亲自制定了"千万工程"目标要求、实施原则、投入办法，创新建立、带头推动"四个一"工作机制，即实行"一把手"负总责，全面落实分级负责责任制；成立一个"千万工程"工作协调小组，由省委副书记任组长；每年召开一次"千万工程"工作现场会，省委省政府主要领导到会并部署工作；定期表彰一批"千万工程"的先进集体和个人。出席2003年"千万工程"启动会和连续3年的"千万工程"现场会并发表重要讲话，为实施"千万工程"指明了方向。

浙江历届省委、省政府按照习近平总书记的战略擘画和重要指示要求，顺应形势发展和实际需要，持续深化"千万工程"。20年来，整治范围不断延伸，从最初的1万个左右行政村，推广到全省所有行政村；内涵不断丰富，从"千村示范、万村整治"引领起步，推动乡村更加整洁有序，到"千村精品、万村美丽"深化提升，推动乡村更加美丽宜居，再到"千村未来、万村共富"迭代升级，强化数字赋能，逐步形成"千村向未来、万村奔共富、城乡促融合、全域创和美"的生动局面。

浙江抓"千万"工程的主要做法：（1）坚持生态优先、绿色发展。习近平总书记在浙江工作期间强调，要将村庄整治与绿色生态家园建设紧密结合起来，同步推进环境整治和生态建设；打好"生态牌"，走生态立村、生态致富的路子，并明确提出"绿水青山就是金山银山"。浙江把这些重要理念和要求贯穿实施"千万工程"全过程各阶段，以整治环境"脏乱差"为先手棋，全面推进农村环境"三大革命"，全力推进农业面源污染治理，开展"无废乡村"建设，实施生态修复，不断擦亮生态底色。坚持生态账与发展账一起算，整治重污染高耗能行业，关停"小散乱"企业，大力创建生态品牌、挖掘人文景观，培育"美丽乡村＋"农业、文化、旅游等新业态，推动田园变公园、村庄变景区、农房变客房、村民变股东，持续打通绿水青山就是金山银山的理念转化通道，把"生态优势"变成"民生福利"。（2）坚持因地制宜、科学规划。浙江在实施"千万工程"过程中，立足山区、平原、丘陵、沿海、岛屿等不同地形地貌，区分发达地区和欠发达地区、城郊村庄和纯农业村庄，结合地方发展水平、财政承受能力、农民接受程度开展工作，尽力而为、量力而行，着眼遵循乡村自身发展规律、体现农村特点、注意乡土味道、保留乡村风貌，构建以县域美丽乡村建设规划为龙头，村庄布局规划、中心村建设规划、农村土地综合整治规划、历史文化村落保护利用规划为基础的乡村建设规划体系，强化规划刚性约束和执行力，一旦确定下来就不折不扣实施。（3）坚持循序渐进、久久为功。浙江紧盯"千万工程"目标不动摇、不折腾，保持工作连续性和政策稳定性，每5年出台1个行动计划，每个重要阶段出台1个实施意见，以钉钉子精神推动各项建设任务顺利完成。根据不同发展阶段确定整治重点，与时俱进、创新举措，制定针对性解决方案，既不刮风搞运动，也不超越发展阶段提过高目标，从花钱少、见效快的农村垃圾集中处理、村庄环境清洁卫生入手，到改水改厕、村道硬化、绿化亮化，再到产业培育、公共服务完善、数字化改革，先易后难、层层递进。（4）坚持党建引领、党政主导。浙江坚持把加强领导作为搞好"千万工程"的关键，建立党政"一把手"亲自抓、分管领导直接抓、一级抓一级、层层抓落实的工作推进机制，每年召开"千万工程"高规格现场会，省市县党政"一把手"参加，地点一般选在工作力度大、进步比较快、具有典型意义的县（市、区），营造比学赶超、争先创优浓厚氛围。坚持政府投入引导、农村集体和农民投入相结合、社会力量积极支持的机制，真金白银投入。将农村人居环境整治纳入为群众办实事内容，纳入党政干部绩效考核，强化奖惩激励。突出党政主导、各方协同、分级负责，配优配强村党组织书记、村委会主任，推行干部常态化驻村联户、结对帮扶，实行"网格化管理、组团式服务"。（5）坚持以人为本、共建共享。浙江在实施"千万工程"过程中，始终从农民群众角度思考问题，尊重民意、维护民利、强化民管。实施初始就把增进人民福祉、促进人的全面发展作为出发点和落脚点，从群众需要出发推进农村人居环境整治。在进行决策、推进改革时，坚持"村里的事情大家商量着办"，不搞强迫命令。厘清政府干和农民干的边界，该由政府干的主动想、精心谋、扎实做，该由农民自主干的不越位、不包揽、不干预，激发农民群众的主人翁意识，广泛动员农民群众参与村级公共事务，推动实现从"要我建设美丽乡村"到"我要建设美丽乡村"的转变。（6）坚持由表及里、塑形铸魂。浙江注重推动农村物质文明和精神文明相协调、硬件与软件相结合，努力把农村建设成农民身有所栖、心有所依的美好家园。大力弘扬社会主义核心价值观，加强法治教育，完善村规民约，持续推动移风易俗。构建农村文化礼堂效能评价体系、星级管理机制，在文化场所建设、文化活动开展中融入乡土特色、体现农民需求，变硬性推广为潜移默化，变"文化下乡"为"扎根在乡"。结合农村特性传承耕读文化、民间技艺，加强农业文化遗产保护、历史文化村落保护。

　　浙江实施"千万工程"主要取得了以下突出成效。一是农村人居环境深刻重塑。规划保留村生活污水治理覆盖率100%，农村生活垃圾基本实现"零增长""零填埋"，农村卫生厕所全面覆盖，森林覆盖率超过61%，农村人居环境质量居全国前列，成为首个通过国家生态省验收的省份。二是城乡融合发展深入推进。城乡基础设施加快同规同网，最低生活保障实现市域城乡同标，基本公共服务均等化水平全国领先，农村"30分钟公共服务圈""20分钟医疗卫生服务圈"基本形成，城乡居民收入比从2003年的2.43缩小到2022年的1.90。"城市有乡村更美好、乡村让城市更向往"正在成为浙江城乡融合发展的生动写照。三是乡村产业蓬勃发展。休闲农业、农村电商、文化创意等新业态不断涌现，带动农民收入持续较快增长，全省农村居民人均可支配收入由 2003 年 5431 元提高到 2022 年 37565 元，村级集体经济年经营性收入 50 万元以上的行政村占比达 51.2%。全省建成风景线 743 条、特色精品村 2170 个、美丽庭院 300 多万户，形成"一户一处景、一村一幅画、一线一风光"的发展图景。四是乡村治理效能有效提升。以农村基层党组织为核心、村民自治为基础、各类村级组织互动合作的乡村治理机制逐步健全，乡村治理体系和治理能力现代化水平显著提高，农村持续稳定安宁。五是农民精神风貌持续改善。推动"物的新农村"向"人的新农村"迈进，全域构建新时代文明实践中心、新时代文明实践所、农村文化礼堂三级阵地，建成一批家风家训馆、村史馆、农民书屋等，陈规陋习得到有效遏制，文明乡风、良好家风、淳朴民风不断形成。六是在国内外产生广泛影响。各地区认真贯彻习近平总书记重要指示批示精神，结合实际学习借鉴浙江经验，农村人居环境整治提升和乡村建设取得扎实成效。"千万工程"不仅对全国起到了示范效应，在国际上也得到认可，2018 年 9 月荣获联合国"地球卫士奖"，为营造和谐宜居的人类家园贡献了中国方案。

第二节　江西传统村落保护利用

习近平总书记对传统村落保护工作非常关心和重视。2023 年 10 月 11 日，习近平总书记在江西省婺源县秋口镇王村石门自然村考察时指出：希望保护好自然生态，把传统村落风貌和现代元素结合起来。

到 2023 年底，江西省共有国家级和省级传统村落 570 个，其中国家级 413 个，省级 157 个；传统建筑 2 万余栋，列全国前 10 位。共有国家级历史文化名镇名村 50 个，省级历史文化名镇名村 66 个。

近年来，江西省委、省政府及有关部门坚持以习近平新时代中国特色社会主义思想为指导，按照国家有关部门部署要求，扎实开展传统村落保护和利用工作，在全国率先打响党建引领传统村落保护的品牌。

积极开展传统村落的申报、规划编制、传统建筑调查认定和挂牌保护等工作。2023 年 3 月，江西省 70 个村落被住房和城乡建设部公布为第六批中国传统村落，入选数居全国第一。9 月，省住房和城乡建设厅会同省文物局组织第八批中国历史文化名镇名村申报，向住房和城乡建设部和国家文物局推荐 3 个镇、40 个村。江西省坚持"市县编制、专家评审、省级备案"，抓好传统村落保护发展规划编制，不定期调度督导规划实施情况。完善传统村落保护机制，全省多地成立传统村落保护机构，建立县级干部联系传统村落制度，构建县、乡、村、组、党员"五位一体"传统村落保护"微岗位"。11 个设区市、53 个县（市、区）成立了党委主要领导任组长的党建引领传统村落保护工作领导小组，或建立了协调机制。

为使乡村风貌更具江西特色，符合中华民族审美情趣，江西省住房和城乡建设厅组织开展了设计下乡行动，建立传统村落保护专家驻村制度。结合开展农房风貌管控、农房和村庄建设现代化试点，拟制农房风貌管控试点验收细则，指导各地探索建立农房建设带图审批、按图施工、依图验收制度。印发了《关于加强乡村建设工匠培训和管理的通知》，培养"会识图、能用图"的乡村建设工匠。同时，指导各地结合实际制定传统村落风貌保护负面清单，编制符合传统村落风貌的农房建设图集，制定传统建筑保护办法、修缮管理办法和内部改造示范等方案，多管齐下，让好乡村更有好风貌。2023 年，江西从省级财政掌管的城市基础设施配套费中下达 3200 万元资金，带动各市级财政投入 1043 万元、县级财政投入 12180 万元，吸引社会资金 53962 万元，启动修缮传统建筑 3258 栋。

按照住房和城乡建设部的部署，江西省抚州市、婺源县等 4

个市县接续列入全国传统村落集中连片保护利用示范名单，共争取中央资金 3 亿元，为全国开展传统建筑保护和活化利用、市（县）域统筹推进保护发展等提供了江西经验。为发挥党建引领作用，进一步推动全省传统村落保护工作创新发展，中共江西省委组织部和省住房和城乡建设厅创新开展党建引领传统村落保护工作，选出安义县等 16 个传统村落资源较为富集的县（市、区），确定为党建引领传统村落保护工作重点县，建立省直各相关单位与重点县点对点联系机制，落实各重点县提出的需支持事项。在抚州市金溪县举办了党建引领传统村落保护重点县干部培训班，在景德镇市启动传统村落保护情况第三方评估，客观评价当前全省传统村落保护现状、分析查找面临的困难、研究提出解决的措施。

2016 年，江西率先在全国出台第一部省级传统村落保护法规——《江西省传统村落保护条例》，传统村落保护工作进入了法治轨道。将传统村落保护工作列入省政府"双随机一公开"抽查事项清单和省委省政府组织的高质量发展考评内容。江西省住房和城乡建设厅与省公安厅联合下发《关于坚决制止异地迁建传统建筑和依法打击盗卖构件行为的紧急通知》，要求各地加大对非法异地迁建传统建筑和盗卖构件行为的打击力度。省住房和城乡建设厅还联合省检察院下发通知，在线索移送、会商研判、信息共享、联合专项、调查取证等工作方面开展深入协作，大力发挥检察公益诉讼在城乡历史文化保护中的作用。2022 年，全国首例古村落保护民事公益诉讼修复执行案在抚州市金溪县执行立案，对于传统村落及其生态价值和文化价值的保护具有重大意义。

江西共有 6 条经验做法入选全国《传统村落保护利用可复制经验清单（第一批）》。住房和城乡建设部主办的《城乡建设》杂志专门刊发江西省及抚州市党建引领传统村落保护工作做法。在住房和城乡建设部、财政部召开的传统村落集中连片保护利用示范工作视频会上，江西省住房和城乡建设厅和抚州市分别做经验介绍。与中央广播电视总台江西总站、中央广播电视总台央视网、中共江西省委组织部、省委宣传部共同主办"点亮中国村（落）"暨寻找江西宝藏古村活动，邀请主持人现场推广江西省传统村落，直播间获 10 万人围观。在《江西日报》开设"党建＋传统村落保护"专栏，每月刊登各地经验做法，目前已刊登各地经验做法 11 期。与江西广播电视台联合启动拍摄国际人文交流片《赣派古村》，讲述古村历史、建筑风格、村民生活、人文风俗等内容。

下一步，将进一步深入贯彻落实习近平总书记考察江西重要讲话精神，坚持把传统村落风貌和现代元素结合起来，正确处理好保护与利用、传承与发展的关系，做到在保护中发展、在发展中保护。一是制定《江西省关于加强传统村落保护的实施办法》，推动传统村落风貌延续和文化传承。加快推进国家、省级传统村落保护发展规划编制，力争做到全覆盖。二是持续抓好示范工作，加强对党建引领传统村落保护工作重点县的支持力度，探索可复制、可推广的新经验，适时召开全省党建引领传统村落保护工作现场会。三是全面梳理总结经验做法，适时公布《江西省传统村落保护可复制经验清单》。

江西省抚州市是全国传统村落资源相对丰富的地市之一，共有 96 个中国传统村落。近年来，抚州市委、市政府高度重视传统村落保护工作，制定了《抚州市中国传统村落集中连片保护利用实施方案》。

《抚州市中国传统村落集中连片保护利用实施方案》总体思路为：贯彻落实党中央、国务院关于传统村落保护利用相关要求，按照乡村振兴战略要求，突出乡村整体、综合性发展，整合农村人居环境整治、美丽乡村建设等各种乡村资源，结合抚州市实际，发展旅游、休闲、康养等产业，推动抚州市乡村面貌的改善，探索建立传统村落保护利用实施路径及长效机制，增强传统村落生命力，增强当地居民获得感，实现持续健康发展，传承优秀传统文化。坚持创新、协调、绿色、开放、共享五大发展理念，紧紧围绕传统村落集中连片区域保护利用示范要求，将抚州传统村落保护利用与乡村振兴战略、生态产品价值实现机制试点、全域旅游规划相结合，以传承弘扬临川文化为核心，重点开展集中连片传统村落保护发展，以发展促保护，以发展强保护，努力实现传统村落活态保护、活态传承、活态发展，成为"绿水青山就是金山银山"重要思想的实践样本和全国传统村落集中连片示范的抚州样板。

《抚州市中国传统村落集中连片保护利用实施方案》划定传统村落集中连片区，确定传统村落的保护利用分三类进行：（1）核心类，在集中连片区内选取具有一定规模、整体风貌完整、历史文化资源特色突出、现状保护利用基础较好、交通较为便捷的村落，进行重点打造和利用。积极引进社会资本和运营主体，在有效保护的基础上，发展多种业态，打造成新的经济增长点。（2）重点类，选择整体风貌较为完整、乡村资源和发展条件较好，能够结合各县区产业特色发展的村落。加强老屋维修、综合整治提高人居环境，培育发展特色产业，实现传统村落在发展中促进保护。（3）一般类，对于规模较小、传统建筑破损较为严重、基础较差的村落，受客观条件约束，暂时无法进行深度利用的，以保护整体格局、抢救性修复传统建筑为主，重点做好传统村落保护和村庄环境整治、文物古迹修缮、传统建筑维护改善，确保传统村落得到有效保护。

《抚州市中国传统村落集中连片保护利用实施方案》拟定传统保护利用方式为：将分片区集中连片的传统村落群作为一个整体进行统筹保护，突出展现抚州传统村落"没有围墙的古村博物馆"的恢弘、震撼气势。因村制宜谋划传统村落的保护性发展，个体村落以问题为导向，针对性提出保护措施，展现古村落的多样性。其工作路径为："示范带动，一村一品，接二连三,三产融合"。整合利用好传统村落保护资金，做好传统村落的保护利用示范工作，带动民间资本，按照一村一品、接二连三，第一、第二、第三产深度融合的发展思路，培育发展特色产业，完善传统村落自身造血机能，打造历史文化传承有序、环境优美、特色产业兴旺的传统村落示范区，同时引领其余片区的保护利用。

对策措施：（1）与乡村振兴战略相结合。突出乡村整体、综合性发展，实现共赢的新模式，坚持保护与发展并重的原则，积极推动文化与乡村产业融合发展。（2）与全域旅游相结合。把传统村落变为景区，形成"大景区古村落群"，以"全域景区"为理念搭建旅游框架，把旅游配套设施、村庄公共设施、市政设施合并利用，村与村之间统一服务区、统一基础设施，统一标识，以全域模式统筹各方资源。（3）与生态产品价值实现机制试点相结合。将古村古建保护利用与生态产品价值实现机制试点相结合，积极探索实践传统村落保护新模式。（4）与农村人居环境整治、美丽乡村建设相结合。使传统村落在文化传承的基础上更好地发展成为美丽乡村，带动乡村旅游的发展；乡村旅游的发展赋予传统村落文化保护以新的生命力，使传承与发展形成良性互动。

保护目标：完成抚州市传统村落保护发展总体规划和各个传统村落保护发展规划编制；中国传统村落历史环境风貌和传统建筑等资源得到有效保护；在保护的前提下，进行人居环境、基础设施和服务设施现代化的改造，使生活条件得到显著提高，火灾隐患和险情普遍得以控制；建立完善的传统村落保护管理机制。

发展目标：促进统筹新型城乡关系，促进第一、第二、第三产融合发展，创新发展理念，培养传统村落发展的新动能，加快农业发展布局的结构性改革，增加村落的内生发展动力，使得村落遗产得到多渠道的利用、活态传承，带动区域整体发展和乡村振兴。

实施内容：（1）规划设计全覆盖。从抚州市传统村落保护发展体系规划编制、传统村落保护和发展规划编制、村庄设计、农房设计等全方位入手，强化规划落地、项目实施、农民建房全过程监管，确保保护工作的科学性、有效性和可操作性。
（2）保护山水格局。即保护传统村落内自然植被、山体绿化、河流水系及河塘沟渠，维护好与传统村落相互依存的自然景观和环境，管控好传统村落周边视线通廊。（3）保护传统村落历史风貌。对古村墙、村（堡、寨）门、牌坊、古塔、园林、古桥、古井、古树、村巷、古道、石阶、铺地、排水沟及其附属物等重要历史环境要素进行认定，实行挂牌保护。（4）保护传统建筑，对村落中的传统建筑的质量、风貌、结构、层数和年代等因素进行综合调查、分析评价，针对传统建筑的保存现状，分别提出改善、维修（维护、加固）、抢修等方式加以保护。（5）改造传统村落基础设施。逐步完善村内道路、给水排水、电力电信、环境卫生等设施，改善传统村落生产生活条件，提升防灾减灾能力，优先实施农村污水处理设施和城乡供水一体化工程。

特色产业培育：利用传统村落资源优势，"一村一品"培育特色产业。结合县区产业特色和传统村落的乡村资源，发展生态特色产业。（1）基于本地的产业发展传统种养殖产业、特色农业和传统手工加工业，带动乡村经济发展；（2）积极引入社会资本（企业、社会组织、乡贤、村民等），发展文旅休闲产业；（3）利用互联网、物联网等现代技术，形成"互联网＋传统村落"的产业发展态势，激发传统村落的生机与活力，提高村民和村集体经济收入。

在资金筹集上，《抚州市中国传统村落集中连片保护利用实施方案》提出：（1）中央传统村落保护利用专项资金，用于基础设施与公共设施现代化改造，对民间资本投资改造传统村落按投资额给予适当奖励等。（2）地方专项资金，整合省级乡村振兴战略、人居环境整治、美丽乡村建设资金以及公路、水利等各项资金；将传统村落保护利用所需的经费列入市、县（区）财政预算，设立传统村落保护利用的地方专项资金，用于传统村落的保护利用。（3）鼓励社会资本投入，优化社会资本进入的机制和模式，用于传统建筑的保护与改造。（4）争取发行"传统村落保护利用"专项债券，募集保护利用资金；争取中国文物保护基金会拯救老屋专项资金；加强与深圳文化产权交易所的深度合作，搭建古村古建线上线下交易平台，积极开展"信用＋经营权"抵押贷款，采取"古屋贷"等创新模式，鼓励、引导各级各类金融机构对传统村落保护项目提供信贷支持，带动社会资金投入，用于传统风貌建筑改造利用、传统村落的整体发展。

政策支持：（1）土地政策。开展土地、产权制度改革试点、创新用地供给；通过政府收购、村集体土地置换以及文物和历史建筑的土地置换，给予相应的支持政策和用地保障。（2）税费政策支持。对参与传统村落保护利用的相关企业和主体严格执行中央和地方出台的各项现行减税降费政策；符合规定的相关企业和主体，在工商管理部门注册登记之日起3年内免管理类、登记类、证照类等行政事业性收费。（3）金融信贷支持。积极推进传统建筑、传统民居的确权工作，采用市场化的运作方式，创新"古屋贷"等信贷模式，积极开展"信用＋经营权"抵押贷款试点，集中信贷资源发放"传统村落金融贷"。鼓励、引导各级各类金融机构对传统村落保护项目提供信贷支持。

《抚州市中国传统村落集中连片保护利用实施方案》还明确了五条保障措施：（1）完善组织机制，明确部门职责，强化组织保障。成立抚州市传统村落保护利用领导小组，下设办公室，明确相关单位职责和分工。有关县（区）、乡镇也要成立相应机构，具体负责当地中国传统村落保护利用工作。建立并落实传统村落保护利用工作联席会议制度，研究解决重大问题，提出政策建议和工作思路。有关部门要按照职能分工，加强协调，密切配合，共同推进。（2）建立奖惩考核机制。加大对传统村落保护利用工作的督查力度。领导小组办公室牵头对各县区各部门履行职责、工作推进力度、任务完成情况进行督查，及时掌握进展情况，对不认真履行职责、工作明显滞后、成效不明显的县（区）、部门进行约谈和问责，并定期组织表彰、奖励为传统村落保护利用工作作出贡献的部门和个人。（3）建立宣传动员机制。加大传统村落保护的宣传教育力度，提高公众对传统村落历史价值和文化内涵的认识，培养公众对传统村落遗产的保护意识和文化自觉。充分发挥电视、广播、报纸、互联网等各类媒体的宣传主阵地作用，力求利用社会化手段，全媒体、多渠道、高频度对全市传统村落保护利用进行宣传动员，扩大公众参与范围和深度。（4）建立社会共同参与机制。充分发挥政府、社会和公众力量，建立政府引导、公益组织、企业和个人共同参与的传统村落保护利用机制，积极引导、鼓励社会力量参与传统村落保护利用工作。（5）建立统筹协调机制。统筹推进传统村落保护与乡村振兴战略、人居环境整治、美丽乡村建设等工作。探索建立村民自治、企业履约、政府监管"三位一体"的"有制度、有标准、有队伍、有经费、有督查"的长效管护机制。为传统村落保护利用试点提供可借鉴、可推广的经验。

第三节　湖南省乡村建设行动实施方案

2022 年 11 月，中共湖南省委办公厅、省政府办公厅印发了《湖南省乡村建设行动实施方案》。指出：为贯彻落实中共中央办公厅、国务院办公厅印发的《乡村建设行动实施方案》精神，扎实推进全省乡村建设行动，进一步提升乡村宜居宜业水平，结合我省实际，制定本实施方案。

一、总体要求

以习近平新时代中国特色社会主义思想为指导，全面贯彻落实党的二十大精神，深入贯彻落实习近平总书记关于"三农"工作的重要论述，坚持农业农村优先发展，把乡村建设摆在社会主义现代化建设的重要位置，全面落实"三高四新"战略定位和使命任务，以普惠性、基础性、兜底性民生建设为重点，坚持"尊重规律、稳扎稳打，因地制宜、分类指导，注重保护、体现特色，政府引导、农民参与，建管并重、长效运行，节约资源、绿色建设"的原则，既尽力而为又量力而行，建设宜居宜业和美乡村。到 2025 年，乡村建设取得明显成效，农村人居环境持续改善，农村公共基础设施往村覆盖、往户延伸取得重要进展，农村基本公共服务水平稳步提升，农村精神文明建设明显加强，打造乡村建设湖南样板。

二、重点任务

（一）加强乡村规划建设管理。坚持"城乡统筹、乡村一体"推进乡村规划编制，2023 年年底前全面完成村庄规划编制，实现规划管理依据全覆盖。统筹乡村基础设施和公共服务布局，合理划定各类空间管控边界，优化布局乡村生产生活生态空间，因地制宜界定乡村建设规划范围，严守耕地红线，逐步把永久基本农田全部建成高标准农田，严格耕地用途管制，确保耕地总量不减少。严格农村居民建房规划审批管理。严禁随意撤并村庄搞大社区、违背农民意愿大拆大建。加强乡村历史文化保护传承，科学保护大树古树，编制历史文化名村（传统村落）保护规划。注重乡村空间保护开发利用，编制"多规合一"实用性村庄规划，纳入国土空间规划"一张图"监督管理，作为用地审批和核发乡村建设规划许可证的依据。建立政府组织领导、村民发挥主体作用、专业人员开展技术指导的村庄规划编制机制，加强规划刚性约束和执行落实。

（二）实施农村道路畅通工程。全面开展"四好农村路"示范创建，统筹农村公路建设项目更多向进村入户倾斜，在规划设计时将更多村组串联起来。以县域为单元，构建外捷内畅交通网，到 2025 年，实施乡镇通三级以上公路改造 3000km，新增约 250 个乡镇通三级以上公路，有序推进建制村通双车道公路改造、窄路基路面拓宽改造或错车道建设，建设新村与撤并村间便捷连通路 6000km；促进农村公路与乡村产业深度融合发展，重点建设农村产业路、旅游路、资源路 1.8 万 km。到 2025年，实现 50% 以上的县市区达到省级城乡道路客运一体化示范县水平。加强农村公路安全隐患排查治理，按照轻重缓急原则，到 2025 年，完成约 3.3 万 km 农村公路安防工程建设。加强农村客运安全监管。强化消防车道建设管理，推进林区防火隔离带、应急道路建设。

（三）实施农村防汛抗旱和供水保障工程。优先支持以灌区"中梗阻"畅通和骨干山塘清淤加固为重点的小水源建设。推进椒花、犬木塘、大兴寨等在建水库工程建设，加快金塘冲水库等水源工程前期工作，"十四五"期间开展 86 座大中型病险水库和 3528 座小型病险水库除险加固，力争完成主要支流治理600km、中小河流治理 1500km 和重点山洪沟治理 47 条，完善抗旱水源工程体系，充分发挥骨干水利工程防灾减灾作用。坚持农村饮水安全问题持续动态清零，稳步推进农村饮水安全向农村供水保障转变，到 2025 年，全省农村自来水普及率达到88%。强化水源保护和水质保障，指导县级制定并公布本地农村千人以上集中式饮用水水源地名录，推进划定千人以上规模饮用水水源保护区，按规定配套完善农村千人以上供水工程净化消毒设施设备。实施规模化供水工程建设和小型供水工程标准化改造，推动有条件的地区可由城镇管网向周边村庄延伸供水，因地制宜推进供水入户，同步推进消防取水设施建设。逐步推进千吨万人农村供水工程实现专业化管理。按照"补偿成本、公平负担"的原则，健全农村集中供水工程合理水价形成机制。

（四）实施乡村清洁能源建设工程。巩固提升农村电力保障水平，到 2025 年，力争全省农村电网供电可靠率达到 99.9%，综合电压合格率达到 99.85%，农村户均配变容量达到 2.6 千伏安。在资源禀赋较好、建设条件较优的区域推进风电和光伏发电适度规模化开发，到 2025 年，力争风电、光伏发电总装机规模达到 2500 万千瓦。可在乡村振兴重点帮扶村、各类试点示范村、旅游资源丰富的村及民宿场所，支持开展安全可靠的乡村储气罐站和微管网供气系统建设。推动新建农村住房的节能建设和既有农村住房的节能改造。

（五）实施农产品仓储保鲜冷链物流设施建设工程。加快农产品仓储保鲜冷链物流设施建设，推进鲜活农产品低温处理和产后减损。围绕蔬菜、水果，兼顾薯类、食用菌、茶叶、中药材、畜牧、水产等农业优势特色产业，依托家庭农场、农民合作社、基层供销合作社等，建设预冷库、节能型机械冷库、节能型气调贮藏库、通风贮藏库等农产品冷藏保鲜设施。到 2025年，全省新增冷藏保鲜能力 100 万 t 以上。构建"一核三区多基地"冷链物流格局，布局建设长株潭冷链物流核心区块和湘南、洞庭湖、大湘西地区冷链物流区域中心。发挥怀化等国家骨干冷链物流基地示范带动作用。完善农产品产地批发市场。改造提升县城连锁商超和物流配送中心，支持有条件的乡镇建设商贸中心，发展新型乡村便利店，扩大农村电商覆盖面。打通农产品进城"最先一公里"，构建县乡村三级物流配送体系，到2025 年，具备条件的建制村通物流快递全覆盖。深化交通运输与邮政快递融合发展，提高农村物流配送效率。

（六）实施数字乡村建设发展工程。推动数字乡村试点扩面，到2025年，建制村千兆光纤通达率和5G网络覆盖率均达到80% 以上。深入实施"互联网＋"农产品出村进城工程和"数商兴农"行动，构建智慧农业气象平台。加强农村仓储、物流、冷链设施的数字化建设，促进大数据、物联网、人工智能、区块链在农业生产、加工、经营中的运用。推动中国历史文化名镇名村和传统数字博物馆建设。推进乡村治理、农村集体经济、集体资产、农村产权流转交易数字化管理。推动"互联网＋政务服务"实现省、市、县、乡、村五级全覆盖，到2025年，全省政务服务事项网上可办率达到99%（法律法规另有规定的事项除外）。推进信息进村入户，加快城乡灾害监测预警信息共享，实现所有建制村益农信息社全覆盖。深入实施"雪亮工程"。集中开展地名信息库数据质量建设行动，指导地方因地制宜设置农村地名标志。

（七）实施村级综合服务设施提升工程。规范村级综合服务平台和配套服务设施管理，加快补齐易地扶贫搬迁安置点（社区）服务设施短板，支持党务服务、基本公共服务和公共事业服务就近或线上办理。构建县、乡、村三级全民健身场地设施网络，建设农村社区"30分钟健身圈"。有序推进村庄"亮化工程"，逐步完善村庄公共照明设施。持续推进农村基层综合性文化服务中心建设，实施"门前十小"工程。实施县域城乡广播电视建设一体化行动，推进革命老区、民族地区、欠发达地区基层应急广播体系建设，完善县域节目传输覆盖。因地制宜建设农村应急避难场所，开展农村公共服务设施无障碍建设和改造。

（八）实施农房质量安全提升工程。推进农村低收入群体等重点对象农村危房改造，逐步建立农村低收入群体住房安全保障长效机制。加强农房周边地质灾害综合治理。深入开展以用作经营的农村自建房为重点的农村房屋安全隐患排查整治。加强农房设计，提升农房建设品质，完善农房使用功能，推动配置水暖厨卫等设施，因地制宜推广装配式钢结构、木竹结构等安全可靠的新型建造方式。加强新建农房选址的引导，合理避让滑坡、泥石流、崩塌等地质灾害危险区、山洪危险区和地下采空区，与交通设施、易燃易爆品仓库等危险危害源头保持足够的安全距离，不挖山填湖、不破坏水系、不砍老树，不随意切坡建房。省级统筹建立从用地、规划、建设到使用的一体化管理体制机制，并按照"谁审批、谁监管"的要求，落实安全监管责任。加强信息化管理，完善农村房屋建设技术标准和规范。科学设置农村防灾避难场所，增强抵御自然灾害、处置突发事件和危机管理能力。推进传统村落集中连片保护利用，保护民族村寨、特色民居、文物古迹、农业遗迹、民俗风貌。

（九）实施农村人居环境整治提升行动。学习浙江"千村示范、万村整治"工程经验，推进实施农村人居环境整治提升工程，支持美丽屋场和美丽庭院建设，建设一批省级美丽乡村。扎实推进农村厕所革命，因地制宜选择改厕技术模式，实行"首厕过关制"，做到农村户厕愿改尽改，合理规划布局农村公厕，到 2025 年，全省农村卫生厕所普及率达到 90% 以上。统筹推进厕所粪污、生活污水、黑臭水体治理，重点整治水源保护区和城乡结合部、乡镇政府驻地、中心村、旅游风景区等区域农村生活污水。实施水系连通及水美乡村建设，打造一批"水美湘村"，建设一批水库移民美丽家园。推进乡镇污水处理设施及配套管网建设，到 2025 年，实现全省乡镇污水处理设施基本覆盖，农村生活污水治理率达到 35%。健全"户投放、组保洁、村收集、镇转运、县处理"的农村生活垃圾收运处置体系，推广"五点减量""二次分拣""绿色存折""积分银行"等分类处理模式，减少垃圾出村处理量。依法探索农村人居环境整治受益农户合理付费机制。加强乡村风貌引导，编制村容村貌提升导则，推进乡村绿化美化，打造村庄生产生活生态共同体，建设具有湖湘特色的和美乡村。大力实施以"三清一改"为重点的村庄清洁行动，从村庄面上清洁向屋内庭院、村庄周边拓展，引导农民群众养成良好卫生习惯和健康生活方式。

（十）实施农村基本公共服务提升行动。健全基本公共服务体系，提高公共服务水平，增强均衡性和可及性。改善农村学校办学条件，办好乡镇公办中心幼儿园，发挥乡镇公办中心幼儿园对村级幼儿园的辐射指导作用。加强芙蓉学校内涵建设，持续推进乡村小规模学校优化提质，深入推进义务教育薄弱环节改善与能力提升，实施乡镇标准化寄宿制学校建设工程。实现农村学校网络和多媒体教室全覆盖，加快推进乡村教育数字化转型，构建城乡数字教育资源共同体。推动义务教育学校教师"县管校聘"改革和校长教师交流轮岗。支持县域普通高中改善办学条件，支持各县重点办好 1 所以上公办中等职业学校。

加强高职院校涉农专业建设。加快补齐公共卫生服务短板，提升县级疾控机构应对重大疫情及突发公共卫生事件能力。推动紧密型县域医共体建设。升级改造一批中心乡镇卫生院，鼓励有条件的建设发热门诊。推进村级医疗疾控网底建设，加强村卫生室标准化和产权公有化建设，持续提升村卫生室健康管理水平。落实乡村医生待遇，保障合理收入。推动城乡养老助残和未成年人保护服务设施和服务协调发展、均衡布局。支持卫生院、敬老院利用现有资源开展农村重度残疾人托养照护服务。大力推动殡葬改革，推进乡村公益性殡葬服务设施建设和管理。

（十一）加强农村基层组织建设。实施农村基层干部乡村振兴主题培训计划。选优配强乡镇领导班子特别是党政正职，充实加强乡镇工作力量。持续优化村"两委"班子特别是带头人队伍。实现脱贫村、易地扶贫搬迁安置点（社区）、乡村振兴任务重的村、党组织软弱涣散村驻村工作队全覆盖。除一些确不具备发展条件的村外，力争在"十四五"时期全面消除集体经济空壳村，实现村村都有稳定的集体经济收入。加强农村集体"三资"管理。加大在青年农民中发展党员力度，原则上每个村每2年至少发展1名党员，每个县每年新发展农村党员35岁以下的不低于50%。推行网格化管理和服务，统筹网格内党的建设、村民自治、综合治理、应急管理、保障救助等工作，推广"乡村振兴月例会"等典型做法。常态化整顿软弱涣散村党组织。推进法治乡村、清廉乡村、平安乡村建设和常态化扫黑除恶斗争，经常性排查化解矛盾纠纷。

（十二）深入推进农村精神文明建设。深入开展习近平新时代中国特色社会主义思想学习教育，广泛开展中国特色社会主义和中国梦宣传教育，加强思想政治引领。实现新时代文明实践中心、所、站全覆盖，大力发展新时代文明实践志愿服务。发展农村网络文化阵地，面向农民群众提供公共数字文化服务。开展"欢乐潇湘""湖南公共文化进村入户·戏曲进乡村"等文化下乡活动。加强农耕文化传承保护，推动非遗工坊建设。推进文旅产业赋能乡村振兴，支持一批革命老区基点村利用红色资源推动文化建设和产业发展。开展文明村镇创建，加强家教家风建设，充分发挥村（居）民委员会、红白理事会等的作用，推动文明节俭操办婚丧喜庆事宜，大力开展高价彩礼、厚葬薄养、大操大办等移风易俗重点领域突出问题专项治理。推广积分制、数字化、"湘妹子能量家园"等典型做法。

三、创新乡村建设推进机制

（十三）建立专项任务责任制。省直牵头部门要明确分管领导，根据国家有关部委重点任务专项推进方案，制定相应专项推进方案；要结合湖南实际，制定年度工作方案，明确建设目标，列出任务清单，建立工作台账，定期调度推进。其他责任单位根据职责分工细化工作措施，加强工作推进。专项推进方案和年度工作方案及时报省乡村振兴局备案，相关责任部门每半年报送一次工作落实情况，由省乡村振兴局汇总形成年度建设任务和工作推进情况报送省委农村工作领导小组。

（十四）完善项目库管理制度。按照村申报、乡审核、县审定原则，在县一级建立乡村建设项目库。加强项目论证，优先纳入群众需求强烈、短板突出、兼顾农业生产和农民生活条件改善的项目。安排乡村建设项目资金，原则上须从项目库中选择项目。结合实际制定"负面清单"，建立健全入库项目审核机制和绩效评估机制。

（十五）优化项目实施流程。对按照固定资产投资管理的小型村庄建设项目，按规定实施简易审批。对于采取以工代赈方式实施的农业农村基础设施项目，按照招标投标法和村庄建设项目施行简易审批的有关要求，可以不进行招标。对于农民投资投劳项目，采取直接补助、以奖代补等方式推进建设。严格规范乡村建设用地审批管理，坚决遏制乱占耕地建房。

（十六）完善农民参与机制。坚持和完善"四议两公开"制度，推广屋场会、恳谈会等方式组织农民议事，引导农民全程参与乡村建设，增强群众自我管理、自我服务、自我教育、自我监督的实效。鼓励村民投工投劳、就地取材开展建设，积极推广以工代赈方式，吸纳更多农村低收入群体就地就近就业。支持将政府投资村庄建设项目产权划归村集体经济组织，由其承担管护责任，推行"门前三包"、受益农民认领、组建使用者协会等农民自管方式。

（十七）健全乡村公共基础设施管护机制。各地要以清单形式明确村庄公共基础设施管护主体、管护责任、管护方式、管护经费来源等，建立公示制度。供水、供电、供气、环保、电信、邮政等基础设施运营企业应全面加强对所属农村公共基础设施的管护。有条件的地方推进公共基础设施城乡一体化管护。推行经营性、准经营性设施使用者付费制度，鼓励社会资本和专业化企业有序参与农村公共基础设施管护。农村生活污水处理设施用电按规定执行居民生活用电价格。

四、强化政策支持和要素保障

（十八）加强投入保障。积极争取中央财政和中央预算内投资支持乡村建设。省财政继续通过现有渠道重点支持乡村建设，在资金项目安排上，适当向乡村振兴重点帮扶县倾斜。将乡村建设作为地方政府支出的重点领域，强化资金筹措和奖补。允许县级按规定统筹使用相关资金推进乡村建设。可按规定统筹安排土地出让收入用于农业农村部分支持乡村建设。将符合条件的公益性乡村建设项目纳入地方政府债券支持范围。发挥财政资金撬动作用，依法依规吸引社会资本、金融资本参与投入。

（十九）创新金融服务。推动农村金融创新，鼓励银行业金融机构在不增加政府隐性债务前提下，围绕农业农村基础设施、人居环境整治等重点领域，依法合规开发金融产品和融资模式，加大对乡村道路建设、供水工程改造等项目的中长期信贷支持力度。稳妥拓宽农村资产抵质押物范围，支持开展保单、农机具和大棚设施、活体畜禽、圈舍、养殖设施等抵质押融资。支持符合条件的现代农业设施建设和乡村建设行动项目申报发行政府债券。加强涉农金融创新服务监管和风险防范，防止发生区域性、涉众型金融风险。

（二十）引导社会力量参与。将乡村建设纳入省内对口帮扶重点支持领域和驻村帮扶工作重点内容。充分发挥民营企业、社会组织、群团组织作用，扎实开展"万企兴万村"行动，鼓励引导民营企业、商协会等社会力量投入乡村建设。注重发挥乡贤作用，深入开展"迎乡贤建家乡、改陋习树新风、兴产业振乡村"活动。

（二十一）完善集约节约用地政策。保障乡村振兴用地需求，县乡级国土空间规划预留不少于10%的建设用地指标，重点支持乡村一、二、三产业融合发展，助力打造"接二连三"全产业链；省级每年安排至少10%新增建设用地指标，保障乡村公共设施、公益事业、乡村产业等乡村建设用地；对农村村民住宅建设合理用地应保尽保，单列用地指标。利用农村本地资源开展农产品初加工、发展休闲观光旅游等产业必需的配套设施建设，可在不占用永久基本农田和不突破生态保护红线、不突破国土空间规划建设用地指标等约束条件及不破坏生态环境和乡村风貌的前提下，以项目所涉及区域确定范围边界，编制特殊单元详细规划，实行"约束指标＋分区准入"的管制方式，满足"点状供地"合理用地需求。充分尊重村民意愿，在建制村域内规划村庄集中建设区，集中共享基础设施和公共服务设施。可依法依规对依法登记的宅基地等农村建设用地进行复合利用，重点保障乡村公共基础设施用地。探索针对乡村建设的混合用地模式。鼓励在符合集体建设用地负面清单管控要求的前提下，按照产业用地政策，不需要办理不动产权变更或转移登记手续的，可以暂不进行规划修改、不办理土地使用用途变更手续。对已纳入国土空间规划"一张图"的省级以上乡村建设行动项目，及时开辟审批"绿色通道"，优先办理、限时办结审批手续。推行小型村庄建设项目用地简易审批。

（二十二）强化人才技术标准支撑。加快培育各类技术技能和服务管理人员，探索建立乡村规划师、乡村工匠培养和管理制度，支持熟悉乡村的专业技术人员参与村庄规划设计和项目建设，统筹推进城乡基础设施建设管护人才互通共享。完善科技特派员制度，开展"湘才乡连"万名专家服务乡村振兴行动。鼓励支持企业、科研机构等开展乡村建设领域新技术新产品研发。分类制定乡村基础设施建设和运行维护技术指南，编制技术导则。建立健全乡村基础设施和基本公共服务设施等标准体系，完善建设、运行维护、监管、服务等标准，积极开展乡村振兴领域标准化建设工作。

五、加强组织领导

（二十三）强化统筹协调。按照中央统筹、省负总责、市县乡抓落实的要求，压实县级党委和政府责任，推进乡村建设行动落地实施。省委农村工作领导小组统筹组织实施乡村建设行动，市县乡党委和政府要把乡村建设行动作为实施乡村振兴战略的重要内容，结合全省乡村振兴示范创建，统筹开展乡村建设示范县、示范乡镇、示范村创建。

（二十四）实行清单管理。全省按照近细远粗、分步建设的原则，按年度确定建设任务，细化到县市区。各县市区按照建设一批、储备一批、谋划一批要求，科学制定任务清单，建立乡村建设台账。

（二十五）加强评估考核。将乡村建设行动实施情况纳入市县党政领导班子和领导干部推进乡村振兴战略实绩考核，采取第三方评估、交叉考核、群众满意度调查等方式，确保乡村建设项目质量和实际效果；强化考核结果运用，激励干部担当作为。实施乡村建设评价，查找和解决乡村建设中的短板和问题。

（二十六）强化宣传引导。统筹各级各类媒体加强正面宣传引导，大力宣传党中央、国务院关于乡村建设的系列重大决策部署，总结推广各地各部门扎实推进乡村建设行动、深入实施乡村振兴战略的好经验好做法，发挥示范带动作用。加强舆论引导，及时回应社会关切，营造推进乡村建设浓厚氛围。

第四节 美丽江西建设规划纲要（2022—2035年）

2023年2月，中共江西省委、江西省人民政府印发了《美丽江西建设规划纲要（2022—2035年）》，并下发通知，要求各地各部门结合实际认真贯彻落实。

《美丽江西建设规划纲要（2022—2035年）》指出：为全面贯彻党的二十大精神，深化落实习近平生态文明思想和习近平总书记视察江西重要讲话精神，全面建设美丽江西，高标准打造美丽中国"江西样板"，制定本规划纲要。

一、总体要求

党的十八大以来，习近平总书记先后两次视察江西，赋予江西打造美丽中国"江西样板"的使命任务。习近平总书记强调，绿色生态是江西最大财富、最大优势、最大品牌，一定要保护好，做好治山理水、显山露水的文章，走出一条经济发展和生态文明水平提高相辅相成、相得益彰的路子。近年来，全省上下始终牢记习近平总书记殷殷嘱托，坚定不移走生态优先、绿色发展之路，深入推进国家生态文明试验区建设，推动美丽江西建设取得成效。

新时代新征程，美丽江西建设要坚持以习近平新时代中国特色社会主义思想为指导，深入践行绿水青山就是金山银山的理念，坚持生态优先、节约集约，坚持改革创新、提升效能，坚持系统推进、协同增效，坚持各美其美、美美与共，坚持人民至上、共建共享，统筹产业结构调整、污染治理、生态保护、应对气候变化，协同推进降碳、减污、扩绿、增长，深化国家生态文明试验区建设，扎实做好治山理水、显山露水文章，全面建设人与自然和谐共生的现代化江西，全景展现"风景这边独好"的江西画卷，高标准打造美丽中国"江西样板"。

到2025年，美丽中国"江西样板"建设纵深推进。绿色创新内生动能进一步增强，生态产品价值实现机制建设走在全国前列，绿色低碳循环的经济运行机制初步形成。环境质量稳步提升，生态安全屏障更加牢固，生态系统和生物多样性得到有效保护。中心城市功能品质全面提升，农村人居环境显著改善，绿色生活方式广泛推行，生态环境治理效能进一步提升，生态文明制度不断完善。

到2030年，美丽中国"江西样板"建设全面提升。全省绿色发展水平显著提高，生态系统实现良性循环，环境风险得到全面管控，生态文明制度建设持续深化，生态产业化与产业生态化水平大幅提升，碳达峰目标顺利实现。

到2035年，美丽中国"江西样板"建设高标准完成。形成与高质量发展相适应的绿色生产生活方式，碳排放达峰后稳中有降，生态环境得到高水平保护，生态文化繁荣兴盛，成为大湖流域综合治理、中部地区绿色转型发展、绿色生态共同富裕模式构建、生态文明制度改革创新等方面的样板模范。

展望21世纪中叶，向碳中和愿景稳步迈进，人与自然实现和谐共生，自然—经济—社会复合系统实现良性循环，绿色低碳、和谐包容、繁荣文明、高效智慧的品质充分彰显，秋水长天、沃土安宁、林繁湖碧、城景交融的景象全面呈现，为全国生态文明建设提供江西经验。

二、打造人与自然和谐空间样板

立足山水相济、水陆相连的自然地理格局，以人与自然和谐共生为目标，统筹优化农业、生态、城镇三大空间载体，推动建立生态环境共保、产业文化共兴、生态引导和底线约束并重的和谐空间。

（一）提升农业空间特色品质

构建优质农产品供应布局。构建鄱阳湖平原、赣抚平原、吉泰盆地、赣南丘陵盆地、赣西丘陵盆地5个农业生产集中区，打造优质农产品供应基地，加快形成赣西北、赣东北、赣南3个生态特色农业发展带，形成"五区三带"农业空间格局。

促进农业安全集约高产。严格落实耕地数量、质量、生态"三位一体"保护，建设粮食生产功能区和重要农产品生产保护区。促进农业空间高效利用，提高耕地集中连片度。推动特色生态农业资源挖掘和复合发展，促进菜、果、牛羊、水产等优势产业规模化发展。

（二）保障生态空间和谐稳定

筑牢生态保护格局。全面加强沿长江江西段生态保育与修复带和鄱阳湖、赣江源—东江源—北江源核心生态区保护。围绕赣东—赣东北、赣西—赣西北、赣南山地森林建设生态安全屏障，完成自然保护地整合优化，建立统一、规范、高效的自然保护地体系。依托赣江等五大河干支流建设完善贯通的生态廊道。

积极促进区域生态共保。落实"共抓大保护，不搞大开发"要求，完善长江经济带生态环境协同保护机制。加强幕阜山—九岭山地区生态保育，推动跨区域合作，打造长江中游城市群"绿肺"和清水入江保障之地。加强赣南丘陵地区森林生态系统水源涵养区跨省共保，共筑南方生态安全屏障。

（三）聚焦城镇空间高效发展

明确城镇高效开发格局。以强省会战略为抓手，推动形成以南昌为中心的圈层式、网络化城镇空间格局，加速沿京九高铁和沪昆（浙赣）城镇发展轴资源聚集、要素流动与双向开放，加快赣州、信江河谷（上饶、鹰潭）、新宜萍、吉泰等城镇群特色发展、联动协同，形成"一圈两轴四群"城镇开发格局。

建立科学合理开发建设模式。促进城镇开发边界内土地集约利用，严控城镇开发边界外开发建设活动。推动培育区域性中心城市，引导县域中心城市差异化发展和综合承载能力提升，因地制宜发展小城镇。优化城镇规模体系结构和发展管理，引导城镇人口聚集与资源承载能力相匹配，城镇发展与土地用途相匹配。

（四）完善空间开发保护体系

深入实施主体功能区战略。优化县域、细化乡镇主体功能区划分，探索完善主体功能区细化管控途径，实施差异化管控措施。加强特殊名录区的特色功能培育和政策支持。

加强空间边界管理与用途管控。全面落实国土空间规划，严守耕地和永久基本农田、生态保护红线、城镇开发边界，建立和实施常态化国土动态监测评估预警和监管机制。加强省际边界地区生态保护红线管控。推进稀土、钨、锂矿等珍贵资源依法合理开发，控制其他开发利用活动对生态空间的占用和扰动，切实保护好山体、森林、水系、湿地等生态资源。

落实生态环境分区管控制度。全面实施生态环境分区管控制度，不断健全生态环境源头预防体系，加强生态环境分区管控在政策制定、环境准入、园区管理、执法监管等方面的应用，明确鼓励、引导、限制、禁止等行为。做好生态环境分区管控跟踪评估、更新调整、信息共享和应用系统的建设运行工作。

三、打造绿色低碳经济崛起样板

以实现减污降碳协同增效作为发展方式全面绿色转型的总抓手，实施全面节约战略，持续推进产业结构调整，有序推进碳达峰碳中和，积极应对气候变化，深化绿色发展合作，打造供给丰富、路径多元、低碳高效的江西特色绿色经济。

（一）积极稳妥推进"双碳"工作

建立碳达峰碳中和推进机制。坚持把碳达峰碳中和纳入全省经济社会发展和生态文明建设整体布局，有序实施碳达峰行动。完善能源消费总量和强度调控，逐步向碳排放总量和强度"双控"转变，探索开展碳达峰碳中和综合评价，加快推进碳达峰进程。建立减污降碳协同增效技术体系、评估机制、政策机制和法规标准，探索各具特色的碳达峰和减污降碳协同增效路径。控制工业过程、农田、废弃物处理产生的非二氧化碳温室气体排放，推进甲烷排放控制和基础研究，做好氢氟碳化物管控。

建立完善碳达峰碳中和支撑机制。完善碳排放统计核算制度，提升碳排放统计核算能力。积极参与全国碳排放权交易市场建设，完善碳核查和碳排放交易履约工作机制，加快落实产品碳足迹、碳标签等制度，支持重点企业建立健全碳资产管理制度，开展碳普惠全民行动。加强生态系统碳汇项目管理。以铜、钨和稀土等行业为重点，加强前沿和颠覆性深度脱碳技术、二氧化碳捕集利用与封存（CCUS）技术研发创新和应用示范，持续推进能源、工业、交通和建筑等重点领域碳中和路径、机制、科学技术和标准规范研究。

积极参与应对气候变化治理。聚焦水资源、陆地生态系统、农业与粮食安全、健康与公共卫生、基础设施与重大工程、城市与人居环境、敏感二三产业等领域以及鄱阳湖区和长江沿岸等重大战略区域，加强气候变化风险评估、监测预警和应对保障，开展多类型适应气候变化试点建设，促进自然生态系统、经济社会系统、重点战略区域等气候韧性联动提升。

（二）深化区域绿色发展合作

全面参与长江经济带高质量发展。深化南昌与长江沿线省会城市战略合作和发展联动，共同提高内联外达能力，促进产业绿色低碳高质量发展和市场体系高标准建设。支持九江建设长江经济带绿色发展示范区，打造万亿临港产业带。推动赣江新区发挥技术和制度创新优势，探索科产城人融合的城市绿色低碳发展模式，支持湘赣边区域深化改革深度合作。

协同长三角一体化发展。发挥南昌枢纽与产业优势及赣东北区位优势，加快承接长三角产业、创新要素转移，打造对接长三角一体化发展先行区、承接东部沿海先进制造业转移基地。依托沪昆、沿江、昌景黄交通通道建设城镇产业轴带，推进基础设施、产业、公共服务、生态环保和市场体系等领域合作。

深化与粤港澳大湾区合作。发挥赣州省域副中心对外开放和内陆口岸优势，加快赣州交通基础设施与大湾区现代化交通运输体系对接。依托京九（江西）电子信息产业带、赣粤产业园、三南承接产业转移示范区等承接新兴产业转移，打造具有全国影响力的电子信息产业基地。推动与广州、深圳等地通关一体化建设，打造融入大湾区绿色"桥头堡"和大湾区美丽后花园。

推进共建"一带一路"绿色发展。围绕建设"一带一路"内陆腹地重要支撑，积极建设与沿线国家和地区更紧密的绿色发展伙伴关系。探索国际产能合作新机制，推进与沿线国家和地区绿色产业链供应链合作。依托南昌、赣州"一带一路"节点城市和景德镇文化节点城市，深化与重点国别（区域）绿色科技、生态文旅、治理创新等领域交流合作。

（三）培育绿色低碳发展动能

加快发展先进制造业。以绿色制造为重点方向，聚焦发展航空、电子信息、装备制造、中医药、新能源、新材料六大优势产业，推动新一代信息技术产业和未来产业发展，加快新能源产业业态拓展、应用场景开发和多元市场培育，打造国内先进、具有世界影响力的新兴产业绿色发展基地。发展精密仪器、电子元器件、生物制药、绿色食品制造等环境敏感型产业，推动产业链现代化和价值链高端化。

建设现代绿色农业强省。加强绿色农产品认证管理，推进国家农业绿色发展先行区创建，扎实推进江西现代林业产业示范省建设，建设国家绿色有机农产品重要基地和绿色生态农产品出口安全示范区。推进畜牧业转型升级，科学发展生态渔业，推动农林复合发展。推广绿色种养循环农业、水产生态健康养殖、生态休闲农业、增汇型农业等项目和模式。

赋能赋活绿色生态服务业。拓展数字技术在生态环境领域的应用，以产业数字化支撑绿色智慧发展，探索全生命周期管理和绿色供应链管理等"生态＋数字"新模式和新业态。深化绿色金融改革创新，科学引导金融资源流向绿色制造、清洁生产、生态产品经营开发等领域，协同推进绿色投融资渠道拓展、产品服务创新和服务体系构建，丰富和推广绿色金融"江西经验"。

打造新一代低碳环保产业。壮大清洁生产、清洁能源、绿色建筑、基础设施绿色升级等产业，布局绿色低碳产品、绿色节能环保装备和材料等产业。拓展绿色服务供给和市场，加快发展绿色供应链、节能和环保服务业，推广"环境医院""环保管家"、生态环境导向的开发（EOD）模式。

（四）构建绿色崛起支撑机制

优化能源供给和消费结构。加强煤炭清洁高效利用，有序实施煤炭消费减量替代，大力推进终端用能清洁化替代，加快规划建设新型能源网络。因地制宜发展非化石能源，有序推进能源合作和区外优质电力引入，强化电力调峰能力建设，发展储能技术。推动"互联网＋"智慧能源发展和多能互补，加快工业、交通、建筑等领域电气化、智能化发展，构建绿色智慧能源网络。

推进循环节约发展。以工业原燃料替代、生产工艺和产品结构优化、清洁生产为主要抓手，推动有色金属、石化化工、钢铁、建材、纺织、造纸、皮革等行业绿色化改造。开展"无废城市"建设，培育无废生态农业、生活固废专业化回收等业态。加强工业园区循环化改造、产业共生体系建设和"无废园区"创建。健全重点领域能效标准，推进重点行业清洁生产审核、日常监督管理和评价认证结果运用。实施国家节水行动和"节地增效"行动。

深化重点领域绿色发展。构建绿色交通运输体系，完善干线铁路集疏运体系，加快推进"公转水""公转铁"，发展多式联运、大宗货物"散改集"，加快运输服务智能化。推广使用新能源车辆和清洁能源汽车，构建绿色一体化城市公共交通系统。多措并举提高绿色建筑比例，发展装配式建筑、超低能耗和近零碳建筑。深入实施化肥农药减量增效行动和使用量调查统计制度，加强农业投入品规范化、全过程管理和追溯体系建设。

四、打造环境品质综合提升样板

以环境质量改善为主线，坚持精准、科学、依法治污，深入推进环境污染防治，持续深入打好蓝天、碧水、净土保卫战，突出多污染物精细化协同防控和区域、流域系统化联防联控，形成以补短板、促改善、惠民生为导向的环境品质综合提升新方案，打造"秋水长天、沃土安宁"的优美环境。

（一）巩固全域清新空气

提升大气环境质量。制定持续改善空气质量行动计划，通过"方案、目标、区域、时段、措施、政策"六大协同强化部门协作，积极推进全省大气污染全域全境全面治理，创建"江西蓝"示范区。开展省市县乡村五级联动治污。积极参与赣鄂湘皖跨省大气联防联控联治，加强区域重点污染源环境监管力度，逐步实现区域监管数据互联互通。

推进大气污染精细化管理。建立以细颗粒物、臭氧"双控双减"为主，兼顾温室气体的大气多污染物协同减排防控机制。

针对重点地区、重点污染源、重点污染时段实施精确治理，强化"问题识别、来源分析、对策制定、后期评估"全流程精细化管理。一体推进重点行业大气污染深度治理与节能降碳行动，推动火电、钢铁、水泥、焦化等行业和燃煤锅炉超低排放改造，深化石化化工、工业涂装、包装印刷和油品储运销等重点行业挥发性有机物综合治理。积极推进涉气重点行业企业绩效分级，建立健全移动源全防全控环境监管制度，完善大气污染物来源解析业务化等工作，提升精细化管理支撑能力。

（二）守护五河一湖一江

坚持"三水统筹"。全面加强水资源、水生态、水环境系统保护治理，推进地表水和地下水协同防治，推动从水质目标管理向水生态系统保护为主的管理转变。建立完备高效的排污口监督管理制度和环鄱阳湖总磷污染总量控制制度。加快补齐城乡污水管网短板，推动黑臭水体治理、水源地保护从城市向县城、乡镇、农村拓展。实施最严格水资源管理，研究制定重点河湖生态流量保障目标，保障河湖生态用水需求。持续抓好长江保护和修复，系统推进河湖生态缓冲带建设，加强面源污染防治，降低汛期污染强度，深入推进农业面源污染治理与监督指导试点。

促进人水和谐。以"五河一湖一江"为骨架，实施一批水生态保护与修复工程，构建"水下森林"生态系统，推进土著鱼类和土著水生植物恢复，建设蓝绿交织的城乡生态绿色水网，促进河湖水生态健康，提升公众亲水环境品质。依托河湖自然资源禀赋，打造清水绿岸、鱼翔浅底的美丽河湖。

（三）呵护赣鄱一方净土

健全土壤污染防治制度。统筹土壤和地下水污染防治，健全多部门联合监管机制，推动建立"查、防、控、治、评"的土壤生态环境全链条闭环监管机制，推动土壤生态环境管理从风险管控、质量提升到健康安全逐步健全。

精细防控土壤污染风险。推动土壤污染风险分类分级分区防控，识别优先管控区域、行业和污染物，差异化制定管控措施。健全农用地分类管理制度，建立农用地安全利用可持续效果评价机制和农用地土壤污染及农产品质量联动监管机制。实行用地土壤污染风险管控和修复名录制度，强化建设用地土地流转全生命周期监管，防止污染地块违法再开发利用。建立地下水分级分区管控机制，开展地下水环境状况调查与风险评估，推进地下水污染管控与修复。鼓励土壤绿色低碳可持续修复，探索基于自然的土壤和地下水污染解决方案和污染土地生态价值提升方案。

（四）营造安宁无喧环境

加强噪声污染源管控。强化工业生产、建筑施工、交通运输和社会生活等重点领域噪声排放源监管，切实降低噪声污染。逐步推行使用符合噪声限值的工业设备、施工机械等产品。推动各地划定声环境质量标准适用区域和噪声敏感建筑物集中区域，推进城市功能区点位声环境质量自动监测系统建设，加强对噪声敏感建筑物周边等重点区域噪声排放情况的调查、监测。

提升声环境综合管理水平。对国土空间规划和相关规划进行环境影响评价时，综合考虑开发建设活动产生的声环境影响，探索将声环境管理要求纳入生态环境分区管控机制。鼓励依托噪声地图等先进手段，加强城市噪声污染防治精准化管控。将噪声污染防治纳入相关执法检查计划。鼓励创建宁静社区、宁静街区、静音工厂，建设宁静城市，营造宁静和谐的生活环境。

五、打造自然生态保护增值样板

立足大湖流域生态系统特征，进行生态系统整体保护、系统修复、全面监管，通过提升生态系统多样性、稳定性、持续性增进自然生态资本积累，形成山江披绿、林湖生金的自然生态保护增值新模式。

（一）加强生态系统整体保护

树立鄱阳湖大湖流域整体保护意识。积极推进赣东北、赣西—赣西北和赣南山地森林生态屏障区等上游区域水源涵养能力建设，加大赣南、赣中丘陵盆地农田农村生态治理，加强赣抚平原和鄱阳湖湖区生态保护和修复。推进鄱阳湖生态湿地修复工程，逐步建立以国际及国家重要湿地、湿地类型自然保护区、湿地自然公园为主体，小微湿地为补充的河湖湿地高水平保护体系，确保天然湿地不减少，湿地面积稳中有增。

增强生态系统整体碳汇能力。实施森林质量精准提升工程，持续推进封山育林、退化林修复（低产低效林改造）、森林抚育和国家储备林基地建设，因地制宜改善林木生长环境，建设高质量森林生态系统。提升草地、园地及农田等其他碳汇资源的生态碳汇功能。

（二）推进自然生态系统修复

打造大湖流域山水林田湖草沙综合治理样板。以国土空间生态修复总体布局为指引，坚持山江湖工程治理理念，总结推广赣南生态保护修复试点经验，持续开展鄱阳湖流域一体化保护修复，探索山水林田湖草沙一体化保护和系统治理模式。以国家重点生态功能区、生态保护红线、自然保护地等为重点，加快实施重要生态系统保护和修复重大工程。

重点推进水土流失防治与修复。以赣鄱五大水系流域为核心，抓好水土流失区生态修复，积极开展江河源头、重要饮用水水源地等区域保护与修复。加快实施国家水土保持重点工程，系统推进生态清洁小流域建设和水土保持崩岗治理，持续增强区域水源涵养能力。

大力推进废弃矿山生态修复。开展废弃矿山治理和修复示范工程，推广废弃矿山市场化修复模式和萍乡采煤沉陷区综合治理经验，大力推进国家重要生态功能区、长江经济带、"五河"源头区等重点区域森林废弃矿山复绿复垦、生态重塑，实行"一矿一策"地质环境恢复治理措施，积极探索历史遗留矿山治理 EOD 模式。按要求抓好新建矿山建设绿色矿山。

（三）健全生态保护监管机制

强化生态系统监测监管。建设生态质量监测网络，提升生态质量监测能力。持续开展森林、草地、湿地年度动态变化监测和生态环境损害调查与评估，逐年开展生态保护红线人类活动和重要生态系统遥感监测。强化水土流失动态监测，坚决遏制人为水土流失增量。加强生态系统碳汇本底调查和储量评估，探索创新碳汇计量和监测方法。

推进生态保护修复成效评估。统筹开展全省生态状况、重点区域流域、生态保护红线、自然保护地、县域重点生态功能区五大评估。开展国家山水林田湖草沙一体化保护修复试点和重大生态保护修复工程实施成效评估。加强评估成果综合运用，探索将评估结果作为领导干部综合考核评价、财政转移支付和给予相关政策激励的重要参考。

强化生态环境监管。建立江西省自然保护地智慧管理平台，加强全省自然保护地监督信息化监管，深化"绿盾"制度，评估自然保护地生态环境保护成效。制定出台生态保护红线监管办法，建立健全生态环境监管指标体系和监管流程，实现生态保护红线监管平台与国家平台互联互通。加强对生态保护修复履责情况、开发建设活动生态环境影响监管情况的监督。建立健全跨区域、跨部门联合执法机制，完善执法信息移交、反馈机制。

（四）深化生态产品价值实现

健全生态产品价值实现机制。全面构建生态产品价值核算评估机制，推进生态产品价值核算标准化。健全生态产品经营开发机制，建立以产业化利用、价值化补偿、市场化交易为重点的生态产品价值实现多元路径和政策制度。打造生态产品供需对接平台，建立完善全国性生态产品与资源环境权益综合交易平台。逐步将生态产品总值（GEP）核算结果纳入生态保护补偿体系，深入推进国家生态综合补偿试点，健全丰富生态保护补偿机制和模式，拓宽企业生态债券、绿色基金、社会捐助等生态补偿资金筹措渠道，完善市场交易机制。

做强生态产业优势领域。做优做强油茶、竹、家具、森林旅游与森林康养、林下经济等五大产业，培育国家级林业重点龙头企业和国家林业示范园区。统筹山水林田湖草沙生态保护修复与生态旅游资源和发展空间拓展，发展生态型科普研学、自然教育和度假旅游、生态康养、气候康养等产业，共建浙皖闽赣国家生态旅游协作区。

六、打造生态环境安全保障样板

以保障人民身体健康和生态环境安全为出发点，践行总体国家安全观，统筹污染治理、质量改善和风险防范，加快形成经济社会安全与环境安全、生态安全、生物安全、核安全综合保障新样板，筑牢生态环境安全防线，为建设美丽江西创造风险可控、清洁健康的安全环境。

（一）保障重点领域环境安全

提升危险废物监管和处置能力。构建全域排查、全面清理、全量处置、全过程监管、全方位提升的"五全"危险废物环境监管体系，持续提升危险废物环境监管能力、利用处置能力和环境风险防范能力，深入推进危险废物环境风险区域联防联控。按照"总量控制、适度超前"原则，合理优化不同危险废物处置利用项目布局和环境容量。建立城乡一体的医疗废物收集转运体系，全力提升重大疫情医疗废物应急处置能力。

加强重金属和尾矿库污染防治。动态更新全口径涉重金属重点行业企业清单，严格重点行业企业准入管理，依法推动落后产能退出，推进重金属行业工艺提升和污染深度治理，持续减少重金属污染排放。实施尾矿库分类分级环境监管，加强汛期尾矿库污染隐患排查治理，动态更新尾矿库环境监管清单。

加强化学品环境管理和新污染物治理。以"源头管控、过程控制、末端治理"为思路，加强全过程新污染物环境风险防治，建立"筛查、评估、管控"的新化学物质环境风险评估与全生命周期管控技术体系，统筹推进新化学物质环境管理登记制度和现有化学物质环境管理，对重点管控新污染物实施分类环境风险管控措施，淘汰石化、涂料、纺织印染、橡胶等重点行业涉新污染物落后生产工艺和落后产品。开展新污染物多环境介质协同治理，建立多部门联合治理机制。

（二）筑牢自然生态安全边界

提升生物多样性安全保障能力。全面完善生物多样性保护政策、法规、制度、标准体系和生物资源可持续利用机制，将生物多样性保护恢复成效纳入生态质量成效评估体系。完善生物多样性保护网络和监测样地体系，加强鄱阳湖候鸟、长江江豚、南方红豆杉等珍稀濒危动植物、旗舰物种和指示物种就地保护、迁地保护和野外回归，巩固提升长江十年禁渔、鄱阳湖流域等重点水域禁捕退捕成果。以生物多样性保护优先区域为重点，实施生物多样性保护重大工程。建立野生动物及其栖息地状况调查、监测和评估制度，推动生物多样性信息平台建设。适时更新省级重点野生保护动植物名录，建设长江中游地区种质资源库。

加强生物安全管理。加强农田、渔业水域、森林、草地、湿地等重点区域外来入侵物种的调查、监测、预警、防范、治理以及生态修复等工作。推动野生动物疫病监测点标准化建设，健全生物多样性损害鉴定评估方法和工作机制。严格生物技术研发应用监管与生物实验室管理。

构筑自然灾害风险防御屏障。建立"监测—预警—治理"全过程自然灾害综合防御体系。建设覆盖水旱、气象灾害、地灾和火灾等多领域的灾害感知网络，持续实施灾害预防工程，研究多方参与的社会化防灾减灾救灾安全应对策略。

（三）切实保障核与辐射安全

健全核与辐射管理机制。建立健全核与辐射安全管理规章制度，不断完善核与辐射环境质量、应急监测和监督性监测"三张网"，构建省市县三级联动的应急响应机制，形成多部门联合协同工作机制。

强化核与辐射安全监管。以放射源利用活动、核技术利用放射性废物、伴生矿开发利用企业等为重点，从严审批、许可、监督、执法，强化核与辐射安全的全寿期全过程监管。发挥人力、实体、技术等多要素协同防范措施，落实好重点区域和相关主体的核与辐射风险防范责任，推进核与辐射安全隐患排查专项整治行动，提升核与辐射安全监管水平。

（四）强化基础支撑机制建设

健全生态环境应急机制。统筹环境污染、生态破坏、气候风险等类型，以人体健康为导向，强化"事前、事中、事后"全周期、全过程、多层级的生态环境风险防范，健全"预案、管理、支撑、预警"的环境应急管理机制。全面推广"南阳实践"，编制重点流域"一河一策一图"环境应急响应方案，探索绘制生态环境健康风险地图。深化与相邻六省跨省流域环境风险与应急联防联控机制。依托环境应急专家库和环境应急指挥平台，提升突发环境应急事件处理与舆情应对专业化水平。

建立饮用水安全保障机制。深入推进城乡饮用水水源保护区规范化建设和城市应急备用饮用水水源地建设，优化跨区域应急水源一网调度机制。完善饮用水水源预警监测自动站建设和运行管理，严格饮用水水源周边有毒有害物质全过程监管。

深化环境健康管理。开展公民生态环境与健康素养提升活动，协同推进"健康江西2030"。探索建立空气质量健康指数体系，降低重污染天气、重大疫情等情况下空气污染暴露损害程度。强化粮食主产区食品安全源头治理，保障农产品安全。加强环评制度和稳评制度有机衔接，协同预防环境"邻避"风险。

七、打造景美居乐城乡共融样板

以城乡一体化均衡发展为基础，深入推动以人为核心的新型城镇化战略和乡村振兴战略，推进城乡基本公共服务均等化，建设环境优美、城乡共融、人居共享的宜居城乡、活力城乡、魅力城乡，全方位提升城乡人居环境品质。

（一）打开城乡融合新局面

共促城乡多元经济活力。提升南昌、赣州等中心城市能级，增强中心城市空间资源配置和创新驱动引领能力。积极推进城市功能区融合，引导大城市城镇组团式发展。推进以县城为重要载体的城镇化建设，积极培育特色县域产业，促进大中小城市和小城镇协调发展。筑牢城乡居民共同富裕底盘，推动形成城乡一体化发展新局面。

共塑特色赣韵城乡风貌。强化山水自然景观和赣都地域文化特色，彰显山水相拥、人文相融、城景一体的城乡特色风貌，打造环鄱阳湖、赣西、赣南、赣东北等魅力景观圈。分级分类构建绿道网络，推动区域级绿道、市县级绿道、社区绿道、城镇型绿道、郊野型绿道建设。

共享城乡均等公共服务。推动城乡公共服务设施一体化发展，推动城镇群区域公共设施均衡配置，健全城乡教育、医疗等基本公共服务体系，实现服务设施布局与人口分布相协调。以城带乡，精准补齐供水、防洪、供电、通信、绿化等基础设施短板，推动重大设施共建共享。营造舒适宜人的慢行交通出行环境，完善15分钟社区生活圈，建设优质镇村生活圈。

（二）建设现代魅力新城市

推进城市智慧化精细管理。开展城市体检评估，实施城市有机更新，提升城市精细化管理水平。建设"智联江西"，加快推进城市信息模型（CIM）基础平台和城市智慧大脑建设，推动大数据、人工智能等新技术在公共服务、市政设施、排水防涝等公共领域应用，打造智能绿色、安全可靠的人性化基础设施体系。

塑造现代精致的韧性景观。持续推进海绵城市建设，建设灰绿结合、蓝绿交织、连续完整的城市生态基础设施，强化城市内河、山体保护与修复，推进城市通风廊道建设，构建完整连贯、均衡共享的城市绿地系统，提升城市抵御自然灾害能力。营造绿色创意空间，建设高品质绿色建筑，加强城市大际线、山际线、滨水线管控，提升城市景观视廊品质。

（三）打造绿色宜居新城镇

高质量推进新型城镇化建设。推进城镇更新，加快补齐城镇基础设施短板，健全中小城市和小城镇公共服务体系，激发中小城镇活力。加强都市节点型乡镇要素集聚，激发县域副中心型乡镇发展动力。聚力农业产业强镇集群化建设，培育现代农业产业园。持续推进产城融合，因地制宜发展劳动密集型产业。

打造生态宜居的美丽乡镇。聚焦乡镇区位、人口和资源特质，分类推进美丽乡镇建设，打造宜居、宜业、宜游的农村区域中心。不断深化乡镇镇区综合环境整治、加快补齐农村地区生产生活所需各项功能设施，加强乡镇建设风貌管控，提升乡镇基层管理水平，实现乡镇镇区环境美、生活美、人文美、治理美。

（四）塑造特色韵味新乡村

持续提升农村人居环境品质。以农村厕所革命、生活污水垃圾治理、村容村貌提升为重点，持续深入开展农村人居环境整治行动，建立农村人居环境建设和管护长效机制，打造洁净秀美的村居环境。

分类引导建设美丽乡村。发挥山水生态、田园风光、产业特色等资源优势，引导村庄分类发展，实施村庄整治、庭院整治、美丽宜居先行县建设、村庄环境长效管护、"美丽活力乡村＋民宿"联动建设等专项提升行动。打造具有赣鄱特色的田园风光和乡村生境，高品质建设一批独具韵味的宜居宜业和美乡村。

八、打造赣鄱生态文化赓续样板

赓续江西红色文化，推动生态文明意识与文明习惯养成相融合，繁荣生态文化，构建由传承到发展、由理论到实践、由外美到内化的生态文化体系，建设美丽江西的精神文明家园。

（一）扣紧古今文化传承纽带

聚焦红绿精神传承发展。实施红色基因代代传工程，推动革命精神时代化、标志化，以红色文化生成机制、基因特性为重点，持续以红色文化精神培育生态文化内核。推动红色旅游与绿色生态有机联动，打造红色文化和生态文化并重的文化宣传高地。依托革命旧居旧址、革命场馆等红色资源，培育一批具有鲜明江西标识的红色旅游经典景区、精品线路。

促进古绿文脉交织相融。厚植江西传统生态智慧和文化土壤，接轨人与自然和谐共生的中国式现代化生态观。扎实开展江西传统文化学理研究，深入挖掘优秀传统文化，讲好江西传统文化与生态文化传承新故事。充分发掘江西本土文化、美学价值，形成生态本底与生态文化的交相辉映。

（二）全方位提升文化软实力

保护利用文化载体。持续开展赣鄱文化资源普查工程，以历史传统文化、山水民俗文化、人文景观文化为重点，充分挖掘其中蕴含的生态文明理念与生态价值，加强普查成果梳理认定和保存利用。强化历史文化名城、名镇名村、街区、文物保护单位及传统村落保护与监管，加强全省世界自然遗产、世界文化与自然双重遗产保护和可持续利用，与福建省共同开展武夷山世界文化与自然双重遗产保护管理。

建设文化宣传阵地。推动文旅融合发展，围绕陶瓷文化、戏曲文化、书院文化等古色文化，加强历史文化遗产和绿色生态等资源转化，拓展生态康养、生态教育、生态体验等新业态、新模式，建设一批富有文化底蕴的世界级旅游景区和度假区，建设世界知名旅游目的地，唱响"江西风景独好"品牌。常态化推进"深入生活、扎根人民"创作实践，广泛利用多元媒体，打造一批雅俗共赏、品位先进的生态文明建设文宣精品。

（三）强化生态意识实践创新

深化生态文化意识培育。坚持弘扬人与自然和谐共生的生态伦理，将生态文明教育纳入国民教育体系和党政领导干部培训体系，提高生态文化自信。加强公民生态环境行为规范传播，充分利用各类自然教育平台，推动地市建设生态文明教育场馆，举办参与式、体验式、互动式自然生态教育研修和培训活动，增强全民节约意识、环保意识。

强化生态文化创新实践。持续探索生态产业化和产业生态化路径，开展江西生态文化实践专项研究。结合国家生态文明建设示范区、"绿水青山就是金山银山"实践创新基地等生态文明实践经验，总结提炼典型实践模式。谋划一批生态文明模式创新试点，不断丰富新时代生态文化体系的内涵和外延。

（四）培育全民美丽建设氛围

坚持生态文化的知行合一。推动生态文化转化为生态自觉，动员各类行动主体积极参与生态文化建设，充分发挥各类社会团体在生态文化建设中的社会调节作用。持续实施绿色社区、绿色商场、绿色（清洁）家庭等绿色创建行动，营造政府、企业、社会团体、个人共同参与的社会氛围。

践行绿色低碳生产生活。推动党政机关和企事业单位健全节约能源资源管理制度，厉行勤俭节约、反对铺张浪费，实行绿色办公，加大绿色产品采购比例，加强绿色产品和服务认证监管。推进企业积极践行绿色生产方式，落实生产者责任延伸制度，鼓励企业设立企业开放日、环境教育体验场所、环保课堂，组织开展生态文明公益活动。加快全省碳普惠平台（绿宝碳汇）建设和推广应用，激发小微企业、社区家庭和个人的节能减碳行为。倡导绿色消费，全面推行生活垃圾分类和减量化、资源化利用，加快推进快递包装绿色转型，减少使用一次性塑料品，推进公众绿色低碳出行，巩固绿色生活方式理念。

九、打造生态文明制度创新样板

以改革创新、系统集成、智慧协同为路径，深化生态文明试验区建设，构建多元共治责任体系，健全生态环境管理制度，强化生态环境保护督察监察，完善激励约束政策机制，健全科学完备、现代高效的生态文明制度体系，促进制度优势向治理效能转化，加快生态环境治理现代化进程。

（一）构建多元共建责任体系

强化党政部门责任。健全生态文明目标责任体系，全面推进生态环境保护有关部门权责清单落实落地，推动职能部门做好生态环境保护工作。深化省生态环境保护督察，压紧压实各级各有关部门责任，严格落实责任追究相关规定。

强化企业主体责任。引导企业自觉承担减污降碳责任，鼓励企业开展环境、社会、治理（ESG）披露。完善企业环境信用评价管理，加大对全省环境信息依法披露的监管和违法违规行为的惩处力度，实施生产服务绿色化政策。

强化美丽建设公众参与。持续开展"美丽中国，我是行动者"活动。制定生态环境保护公众参与的地方性法规，明确规定公众环境权利。完善重大政策和重大项目环保论证公众参与、监督和反馈机制，建立健全生态环境信访投诉举报工作机制。推动全省环保设施向公众开放。健全生态文明志愿服务体系，加大对环保志愿服务组织（队伍）的支持和培育力度。

（二）健全生态环境制度机制

加强生态环境保护法治建设。完善地方性法规政策，探索建立市县等不同层级美丽建设标准，制修订一批促进减污降碳、环境质量改善、生态保护修复和应对气候变化的地方标准和技术规范。完善环境资源司法保护机制，推进生态环境行政执法、环境保护督察与刑事司法、公益诉讼检察有效衔接，聚焦生态环境突出问题，开展联合专项行动。创新涉生态环境公益侵权案件执行方式，探索委托第三方公益性社会组织管理和监督使用生态环境修复资金。深入推进生态环境损害赔偿，指导各地积极开展生态环境损害赔偿案例实践。

推进监管体制机制改革。完善省负总责、市县抓落实的生态环境管理工作机制，落实省市县三级全覆盖的生态环境状况报告制度。充分发挥各级生态环境保护委员会的统筹协调作用，实行生态环境保护委员会成员单位述职制度。深化全省生态环境领域"放管服"改革。进一步强化河湖长制，大力开展幸福河湖建设，推动林长制考核与市县综合考核、生态文明建设、流域生态补偿等考核评价相融合。

健全统筹协调和区域协作机制。深入实施"三线一单"（生态保护红线、环境质量底线、资源利用上线和生态环境准入清单）生态环境分区管控制度。推进温室气体环境管理与排污许可制度信息共享。建立健全减污降碳协同增效机制。完善污染防治区域联动机制和水陆统筹的生态环境治理体系。推动与周边省份建立流域协同治理新机制，推进统一规划、联合监测、联合执法、应急联动、信息共享。

（三）完善政策激励支撑机制

加强投入保障和要素支持。进一步统筹省市两级财政资金，合理配置政府资源，全力推进美丽江西建设。将符合本规划的重大项目优先列入省重大项目库和生态环保金融支持项目储备库。发挥市场作用，综合运用土地、规划、金融等政策激励，鼓励企业、金融机构等社会投资主体参与美丽江西建设，推动金融工具模式创新，拓宽投融资渠道。

健全环境权益市场交易机制。深入推进资源和环境权益交易，建立健全交易制度和各类交易配套政策，创新生态产品与环境权益的市场化转换机制，稳步扩大交易市场覆盖范围。推行用能指标市场化交易。完善跨省流域生态补偿长效机制。

健全绿色政策支持。健全自然资源有偿使用制度，完善资源价格形成机制。健全有利于绿色发展的经济政策，落实促进污染防治、节能环保和资源高效利用的税收激励政策，健全完善差别化收费机制和分时电价机制。

（四）提升现代环境治理效能

强化美丽江西建设科技支撑。聚焦重点产业、高端领域和关键环节，衔接世界技术发展前沿和国家重大科技项目，支持美丽江西建设重点领域基础性、关键性、前瞻性技术攻关和产业化。完善"政产学研用"相结合的综合创新机制，推进长江中游城市群、鄱阳湖流域等区域性生态环保联合研究与合作平台建设。加强生态环境领域科技人才、市场人才和配套产业人才引育，完善配套制度和激励政策。

提升生态环保数字化智能化水平。依托省生态环境大数据平台和大数据资源中心建设，加强部门、企业、社会各类生态环境数据集成、整合、联网共享，强化环境问题发现、溯源与处置能力，提高环境质量多目标协同管控和精细化管理水平。加快建设覆盖环境质量、污染源、生态状况等多要素、多时相"天空地"一体化、精细化的生态环境监测网络，完善生态环境监测数据质量评价体系，加强监测数据质量管理和智能化应用。推进全省智慧生态基础设施建设，促进社会检测机构良性发展。

强化生态环境综合执法能力。深化生态环境保护综合行政执法改革，全面加强执法队伍建设，积极推行县级"局队站合一"执法模式。加强排污许可执法监管，优化执法方式，进一步加强执法正面清单管理，提升测管融合协同效能。强化人才队伍专业化培养和装备现代化配置，加快补齐应对气候变化、土壤、农业农村、新污染物治理、生态保护、应急处置等领域执法装备短板。

十、保障措施

（一）加强组织领导

把党的领导贯穿到美丽江西建设工作各领域全过程，确保党中央决策部署和省委、省政府工作要求贯彻落实，严格落实生态文明建设"党政同责、一岗双责"，压实各级党委、政府美丽江西建设领导责任，进一步强化各级政府实施规划纲要的主体责任。建立健全推进美丽江西建设工作机构和运行机制。省直有关部门根据职责分工制定完善本部门工作推进计划。

（二）开展评估工作

建立评估机制，以 5 年为周期开展规划纲要实施情况评估，评估结果向社会公布。依据评估情况，适时对规划纲要指标、目标和重点任务进行科学调整。

（三）推广典型示范

推动形成美丽江西行动示范体系，支持各地开展美丽城市、美丽园区、美丽乡村、美丽河湖等探索实践，以及争创生态文明建设示范区、"绿水青山就是金山银山"实践创新基地、国家环境保护模范城市等各类有关美丽中国建设的国家级示范试点。建立健全美丽江西建设示范推广机制，归纳提炼典型成果，及时总结好做法和有效经验，成熟一批、推广一批。

（四）加强宣传交流

加强规划纲要解读，拓宽公众参与渠道，全景式、多层次、多角度宣传美丽江西建设的政策制度、进展成效、实践经验和先进典型，推动形成人人关心、人人支持、人人参与、人人监督的良好格局。加强国际国内交流合作，建立交流对接机制，学习借鉴先进经验，强化美丽江西建设成果与模式的运用，不断扩大美丽江西的影响力、带动力和示范性。

第五节　江西省农村人居环境整治
提升五年行动实施方案

2022 年 3 月，中共江西省委办公厅、省政府办公厅印发了《江西省农村人居环境整治提升五年行动实施方案》。指出：改善农村人居环境，是以习近平同志为核心的党中央从战略和全局高度作出的重大决策部署，是实施乡村振兴战略的重点任务。为巩固拓展我省农村人居环境整治三年行动成果，推动农村人居环境整治提升，根据中共中央办公厅、国务院办公厅印发的《农村人居环境整治提升五年行动方案（2021—2025 年）》精神，制定本实施方案。

一、目标要求

到 2025 年，全省农村人居环境显著改善，村庄基础设施逐步优化，村容村貌全面提升。农村生活污水治理率达到 30% 以上，乱倒、乱排得到管控；农村卫生厕所普及率进一步提高，厕所粪污基本得到有效处理；农村生活垃圾无害化处理水平明显提升，有条件的乡镇、村庄实现生活垃圾分类、源头减量；农村人居环境治理水平显著提升，长效管护机制有效建立。

——城市近郊区等有基础、有条件的地方，全面提升农村人居环境基础设施建设水平，农村生活污水治理率明显提升，农村卫生厕所基本普及，农村生活垃圾基本实现无害化处理并推动生活垃圾分类处理试点示范，长效管护机制全面建立。

——有较好基础、基本具备条件的地方，农村人居环境基础设施持续完善，农村生活污水治理率有效提升，农村户用厕所愿改尽改，农村生活垃圾收运处置体系基本实现自然村全覆盖，因地制宜开展农村生活垃圾分类，长效管护机制基本建立。

——地处偏远、基础条件较差的地方，农村人居环境基础设施明显改善，农村卫生厕所普及率逐步提高，农村生活污水治理水平有新提升，村容村貌持续改善。

二、扎实推进农村生活污水治理

（一）分类推进农村生活污水治理。结合县域农村生活污水治理专项规划，分区分类推进农村生活污水治理。因地制宜选择农村生活污水治理模式，有条件的地方推进乡镇政府所在地和中心村污水处理设施服务范围向周边村庄延伸；离城镇生活污水管网较远、人口密集的地方，可建设集中处理设施实现达标排放；鼓励居住分散地方探索采用人工湿地、土壤渗滤等生态处理技术，积极推进农村生活污水资源化利用。推进污水治理工程设计、施工、验收和运行维护等规范化、市场化，确保农村生活污水处理设施"建成一个、运行一个、见效一个"。

（二）推进农村黑臭水体整治。持续排查并动态更新全省农村黑臭水体清单，有序推进农村黑臭水体治理。以房前屋后河塘沟渠和群众反映强烈的黑臭水体为重点，科学实施截污控源、生态修复、清淤疏浚和水系连通等工程，基本消除大面积黑臭水体。强化农村黑臭水体所在区域河湖长履职尽责，实现水体有效治理和管护，防止"返黑返臭"。

三、稳步推进农村厕所革命

（三）持续推进农村卫生厕所改造。根据实际需要和农民群众意愿，有序推进农村卫生厕所改造，做到有需必改，应改尽改。推动新建农房配套设计卫生厕所及粪污处理设施设备，推行"黑灰水"分流处理。持续抓好农村户厕问题摸排整改，逐步改造提升不符合标准规范的卫生厕所。合理规划布局，因地制宜建设农村公共厕所，防止脱离实际打造"豪华公厕"，落实公共厕所管护主体责任，强化日常卫生保洁。

（四）加强农村改厕质量提升和监管。因地制宜选择符合实际的改厕技术模式，优先推广使用农村三格式户厕，有条件的地方可推广集中下水道收集户厕，没有供水保障的地方暂缓改建水冲厕。积极推广节水型、少水型水冲设施。强化农村改厕技术培训和指导，培育一批基层改厕技术人员和施工队伍。严格执行农村户厕建设技术和维护运行规范，加强改厕全过程质量监管，严把改厕产品质量关、施工质量关、竣工验收关，以群众满意为标准，加强改厕合格率抽查检查，确保改一户、成一户。

（五）推进厕所粪污无害化处理和资源化利用。加强农村厕所革命与生活污水治理有机衔接，因地制宜推进厕所粪污分散处理、集中处理或纳入污水管网等统一处理。对城镇周边村庄，鼓励将厕所粪污纳入城镇污水管网处理；对已建污水处理设施的村庄，将周边厕所粪污做到应纳尽纳；对计划建设污水处理设施的村庄，推广"三定四改"模式（建设前要制定建设规划、确定技术模式、选定运营模式，建设中要同步实行改水、改厕、改管网、改污水处理终端）；暂时无法同步推进改厕和污水治理的，应为后期建设预留空间；对人口较少且居住分散的村庄，鼓励采取单户或联户建设三格式化粪池等方式，推动厕所粪污无害化处理。积极推进厕所粪污资源化利用，鼓励厕所粪污与畜禽粪污统筹处理和资源化利用，逐步推动厕所粪污就地就农消纳、综合利用。

四、全面推进农村生活垃圾治理

（六）健全农村生活垃圾收运处置体系。持续完善"户分类、村收集、乡镇转运、区域处理"生活垃圾收运处置体系。有条件的地方探索符合环保要求的小型化、分散化、无害化处理方式。

（七）推进农村生活垃圾就地分类减量。积极探索符合农村特点和农民习惯、简便易行的分类处理模式，有条件的地方基本实现农村可回收垃圾资源化利用、易腐烂垃圾和煤渣灰土就地就近就农消纳、有毒有害垃圾单独收集贮存和处置、其他垃圾无害化处理。协同推进农村有机生活垃圾、厕所粪污、农业生产有机废弃物资源化处理利用，在有条件的地方推动建设一批区域农村有机废弃物综合处置利用设施，探索就地就近就农处理和资源化利用的模式。扩大供销合作社等农村再生资源回收利用网络服务覆盖面，推动再生资源回收利用网络体系与环卫清运网络合作融合。协同推进废旧农膜、农药肥料包装废弃物回收处理。积极探索农村建筑垃圾等就地就近消纳方式，鼓励用于村内道路、入户路、景观等建设。

五、整体提升美丽乡村建设水平

（八）实施"村庄整治建设"专项提升行动。按照"连点成线、拓线成面、突出特色、整体推进、产村融合、建管同步"的布局，围绕"七整一管护"（村内道路、村内供水、户用厕所、公共照明、排水沟渠、村内河塘、搭靠"三房"整治建设,村庄环境日常管护)等重点内容,每年选择一批村庄开展整治,完善基础设施。有序推动农村电力线、通信线、广播电视线"三线"违规搭挂治理。有序提升行政村第五代移动通信技术(5G)、千兆光网覆盖率。健全乡村应急管理体系,合理布局应急避难场所和防汛、消防等救灾设施设备。整治农村户外广告。有条件的开展农村无障碍环境建设。力争"十四五"期间基本实现宜居不迁并村组的整治建设全覆盖,部分村庄提档升级成为美丽村庄。

(九)实施农户"整洁庭院"整治专项提升行动。围绕"两清两整一美化"(清除废品、清扫卫生、整治破乱、整齐摆放、美化环境),落实"门前三包"责任制,结合村庄清洁和长效管护、爱国卫生运动等,组织农户开展庭院内外、房前屋后环境整治。鼓励农户利用庭院内外边角地、空闲地,建设花园、果园、菜园和微公园,引导农民群众养成良好生活习惯,建设整洁庭院和美丽庭院。

(十)实施"美丽宜居先行县建设"专项提升行动。落实精心规划、精致建设、精细管理、精美呈现的"四精"要求,实施美丽宜居县动态监管,每年建设一批美丽宜居乡镇(村庄、庭院),示范引领农村人居环境由村庄整治向功能品质提升迈进。发挥山水生态、田园风光、产业特色等资源优势,高品质建设提升一大批美丽宜居示范带。

(十一)实施"美丽活力乡村+民宿"联动建设专项提升行动。坚持"围绕产业发展建好美丽乡村、建好美丽乡村促进产业发展",通过盘活闲置农房和宅基地等方式,培育休闲乡村民宿等新型业态。积极推介一批"四带动"(带动闲置农房和宅基地盘活、带动村民就近就业、带动地方农副业产品销售、带动村集体经济发展)有力、"五品"(设计有品韵、建设有品相、服务有品质、体验有品位、营销有品牌)突显的休闲乡村民宿,联动建设一批美丽活力乡村,推动建成一批"美丽活力乡村+

民宿"联动建设先行县。

（十二）推动乡村绿化美化。深入实施乡村绿化美化行动，突出保护乡村山体田园、河湖湿地、原生植被、古树名木等，因地制宜开展荒山荒地荒滩绿化。通过"四旁"（水旁、路旁、村旁、宅旁）植树，推进村庄绿化，充分利用荒地、废弃地、边角地等开展村庄小微公园和公共绿地建设。支持有条件的地方开展森林乡村、乡村森林公园和小微湿地建设，实施水系连通及水美乡村建设试点。

（十三）强化乡村风貌引导。因地制宜推进村庄规划编制，优化村庄生产生活生态空间，促进村庄形态与自然环境、传统文化相得益彰。加强村庄风貌引导，突出乡土特色和地域特点，开展村庄建设现代化试点，推广农房设计图集，推动农房建设与村庄风貌相协调。加强传统村落和历史文化名村名镇保护，进一步完善传统村落保护名录，持续开展传统建筑调查、认定、建档、挂牌工作，推进传统村落挂牌保护，建立动态管理机制。探索传统村落保护发展新路径，推进传统村落集中连片保护利用示范区建设。

六、强化村庄环境长效管护

（十四）深入开展村庄清洁行动。深化拓展以"三清两改一管护"（清理垃圾、清理塘沟、清理废弃物、改美庭院、改好习惯、管护村庄环境）为重点的村庄清洁行动，突出清理死角盲区，由"清脏"向"治乱"拓展，由村庄面上清洁向屋内庭院、村庄周边拓展。结合风俗习惯、重要节日等组织村民开展村庄清洁行动，通过健全"门前三包"等制度明确村民责任。有条件的地方设立"村庄清洁日"，推动村庄清洁行动制度化、常态化、长效化。

（十五）全面落实"五定包干"管护机制。区分村庄定管护范围、区分项目定管护标准、区分层级定管护责任、定管护经费、定考核奖惩，进一步完善"省级部署、市级实施、县负总责、乡村落实、农户门前三包"的分级包干机制。压紧压实各级各部门管护责任。有条件的可以依法探索建立农村厕所粪污清掏、农村生活污水垃圾处理农户付费制度，鼓励开展长效管护第三方购买服务，逐步建立农户合理付费、村级组织统筹、政府适当补助的运行管护经费保障制度，推动"五定包干"长效管护机制落地落实，确保村庄长效管护工作有专项经费、专业队伍、专门制度。

（十六）大力推广"万村码上通"5G＋长效管护平台。积极整合"天网工程""雪亮工程"等平台资源，推动市县两级全面规范搭建长效管护平台，建立健全平台运行维护、队伍建设、宣传推广和考核奖惩等管理制度。将所有宜居村庄纳入省级平台监管范围，引导群众深度参与长效管护的监督，全面打造省市县三级长效管护监督网络体系，常态化监督考核所有宜居村组长效管护工作。

七、发挥农民主体作用

（十七）强化组织作用。充分发挥村级党组织战斗堡垒作用和党员干部模范带头作用，进一步发挥共青团、妇联等群团组织作用，广泛动员村民自觉改善农村人居环境。健全党组织领导的村民自治机制，运用"一事一议"筹资筹劳等制度，引导村集体经济组织、农民合作社、村民等全程参与农村人居环境相关规划、建设、运营和管理。发挥村民理事会和新农村建设促进会作用，吸引个人、企业、社会组织等通过捐资捐物等形式支持改善农村人居环境。实行农村人居环境整治提升相关项目公示制度。

（十八）加强宣传教育。充分借助广播电视、报纸杂志等传统媒体，创新利用新媒体平台，用好乡村"大喇叭"，广泛深入宣传改善农村人居环境的政策、意义和成效等，营造全社会关心支持农村人居环境整治的良好氛围。结合爱国卫生运动、农村精神文明建设等，大力宣传卫生健康和疾病预防知识，倡导文明健康、绿色环保的生活方式。将改善农村人居环境纳入基层干部以及各级农民教育培训内容。持续推进城乡环境综合整治，深入开展卫生创建，大力推进健康乡镇（村、家庭）建设。

（十九）健全村规民约。鼓励将农村人居环境整治等要求纳入村规民约，营造倡导文明、抵制破坏的风气，引导农民自我管理、自我教育、自我服务、自我提高。倡导各地制定公共场所文明公约、社区噪声控制规约。巩固深化殡葬改革。广泛开展美丽庭院评选、环境卫生红黑榜、道德积分兑换等活动，完善鼓励引导村民参与村庄环境整治的机制，激发村民主体作用。

八、加强政策支持

（二十）强化投入保障。落实政府投入机制，各级政府要保障农村人居环境整治基础设施建设和运行管理资金，按照有关规定统筹安排土地出让收入用于改善农村人居环境，对符合条件的农村人居环境建设项目纳入地方政府债券申报范围。县级可按规定统筹整合改善农村人居环境相关资金和项目，逐村集中建设。在不新增地方政府隐性债务的前提下，通过政府和社会资金合作等模式，调动社会力量积极参与投资收益较好、市场化程度较高的农村人居环境基础设施建设和运行管护项目。

（二十一）创新完善支持政策。加强农村人居环境整治与农村宅基地制度改革和管理、农村乱占耕地建房专项整治等政策衔接，落实农村人居环境相关设施建设用地、用水用电保障和税收减免等政策。在严守耕地和生态保护红线的前提下，优先保障农村人居环境设施建设用地，优先利用荒山、荒沟、荒丘、荒滩开展农村人居环境项目建设。引导各类金融机构依法合规对改善农村人居环境提供信贷支持。深化推进"放管服"改革，进一步优化农村人居环境整治项目实施程序，落实村庄建设项目简易审批有关要求。农村人居环境整治各类工程，鼓励农民投工投劳，鼓励村级组织和乡村建设工匠等承接小型工程项目，降低准入门槛，具备条件的地方可采取以工代赈等方式。

（二十二）完善制度规章与标准体系。健全村庄清洁、农村生活污水垃圾处理、农村卫生厕所管理等制度，不断完善农村人居环境相关地方标准与技术规范。加快建立农村人居环境相关领域设施设备、建设验收、运行管护、监测评估、管理服务等标准。加大农村人居环境相关标准的宣传和培训力度，不断提高干部群众、市场主体等依据标准开展工作的主动性。依法开展农村人居环境整治相关产品质量安全监管，加大抽查力度，严守质量安全底线。

（二十三）强化科技和人才支撑。加大科技研发、联合攻关、集成示范、推广应用等力度，鼓励支持高校、科研院所和企业研发适合农村实际、经济实惠、老百姓乐见乐用的新技术、新产品。加强农村人居环境整治产品技术、经验模式交流。将农村人居环境整治技术培训纳入农村实用人才和"三区"人才、"一村一名大学生工程"等培训内容。积极引导组织农村人居环境相关专家技术人员和科技特派员开展下乡帮扶活动。

九、加强组织保障

（二十四）强化组织领导。把改善农村人居环境作为各级党委和政府的重要职责以及实施乡村振兴战略的重要任务，落实五级书记抓乡村振兴的要求。省加强和改进乡村治理暨农村人居环境整治提升工作领导小组统筹改善农村人居环境工作，协调资金、资源、人才支持政策，督促推动重点工作任务落实。有关部门要各司其职、各负其责，密切协作配合，形成工作合力。市级党委和政府做好上下衔接、域内协调、督促检查等工作。县级党委和政府做好组织实施工作，主要负责同志当好一线指挥，选优配强一线干部队伍。将国有和乡镇农（林）场居住点纳入农村人居环境整治提升范围统筹考虑、同步推进。

（二十五）强化分类指导。优化村庄布局，坚持规划引领，合理确定村庄分类，科学划定整治范围，统筹考虑主导产业、人居环境、生态保护等村庄发展，分类推进农村人居环境整治提升。对实施宅基地改革试点的村庄，优先安排农村人居环境整治提升项目，推动改一村、整一村、亮一村。集聚提升类村庄重在完善人居环境基础设施，推动农村人居环境与产业发展互促互进，提升建设管护水平，保留乡村风貌。城郊融合类村庄重在加快实现城乡人居环境基础设施建设共建共享、互联互通。特色保护类村庄重在保护自然历史文化特色资源、尊重原住居民生活形态和生活习惯，加快改善人居环境。"空心村"、已经明确的搬迁撤并类村庄不列入农村人居环境整治提升范围，重在保持干净整洁，保障现有农村人居环境基础设施稳定运行。对一时难以确定类别的村庄，可暂不作分类。

（二十六）完善科学推进机制。完善以质量实效为导向、以群众满意为标准的工作推进机制。坚持先建机制、后建工程，鼓励有条件的在农村生活垃圾和污水治理、村庄环境长效管护等方面，推行系统化、专业化、社会化运行管护，推进城乡人居环境基础设施统筹谋划、统一管护运营。通过以奖代补、政府购买等方式，引导各方积极参与，支持农民合作社等组织参与改善农村人居环境项目，并吸纳农民承接本地农村人居环境改善和后续管护工作。充分考虑基层财力可承受能力，合理确定整治提升重点，防止加重村级债务。

（二十七）强化工作考核。把改善农村人居环境作为实施乡村振兴战略实绩考核的重要内容。将农村人居环境整治提升列入乡村振兴的重点督查检查计划。制定完善考核验收标准和办法，到2025年底以县为单位进行检查验收，检查结果与相关支持政策直接挂钩。建立完善群众广泛参与监督农村人居环境的长效机制。对改善农村人居环境成效明显的地方进行通报表扬。

附录

附录一:《中共中央 国务院关于全面推进美丽中国建设的意见》

中共中央 国务院
关于全面推进美丽中国建设的意见

（2023 年 12 月 27 日）

建设美丽中国是全面建设社会主义现代化国家的重要目标，是实现中华民族伟大复兴中国梦的重要内容。为全面推进美丽中国建设，加快推进人与自然和谐共生的现代化，现提出如下意见。

一、新时代新征程开启全面推进美丽中国建设新篇章

党的十八大以来，以习近平同志为核心的党中央把生态文明建设摆在全局工作的突出位置，全方位、全地域、全过程加强生态环境保护，实现了由重点整治到系统治理、由被动应对到主动作为、由全球环境治理参与者到引领者、由实践探索到科学理论指导的重大转变，美丽中国建设迈出重大步伐。

当前，我国经济社会发展已进入加快绿色化、低碳化的高质量发展阶段，生态文明建设仍处于压力叠加、负重前行的关键期，生态环境保护结构性、根源性、趋势性压力尚未根本缓解，经济社会发展绿色转型内生动力不足，生态环境质量稳中向好的基础还不牢固，部分区域生态系统退化趋势尚未根本扭转，美丽中国建设任务依然艰巨。新征程上，必须把美丽中国建设摆在强国建设、民族复兴的突出位置，保持加强生态文明建设的战略定力，坚定不移走生产发展、生活富裕、生态良好

的文明发展道路，建设天蓝、地绿、水清的美好家园。

二、总体要求

全面推进美丽中国建设，要坚持以习近平新时代中国特色社会主义思想特别是习近平生态文明思想为指导，深入贯彻党的二十大精神，落实全国生态环境保护大会部署，牢固树立和践行绿水青山就是金山银山的理念，处理好高质量发展和高水平保护、重点攻坚和协同治理、自然恢复和人工修复、外部约束和内生动力、"双碳"承诺和自主行动的关系，统筹产业结构调整、污染治理、生态保护、应对气候变化，协同推进降碳、减污、扩绿、增长，维护国家生态安全，抓好生态文明制度建设，以高品质生态环境支撑高质量发展，加快形成以实现人与自然和谐共生现代化为导向的美丽中国建设新格局，筑牢中华民族伟大复兴的生态根基。

主要目标是：到2027年，绿色低碳发展深入推进，主要污染物排放总量持续减少，生态环境质量持续提升，国土空间开发保护格局得到优化，生态系统服务功能不断增强，城乡人居环境明显改善，国家生态安全有效保障，生态环境治理体系更加健全，形成一批实践样板，美丽中国建设成效显著。到2035年，广泛形成绿色生产生活方式，碳排放达峰后稳中有降，生态环境根本好转，国土空间开发保护新格局全面形成，生态系统多样性稳定性持续性显著提升，国家生态安全更加稳固，生态环境治理体系和治理能力现代化基本实现，美丽中国目标基本实现。展望21世纪中叶，生态文明全面提升，绿色发展方式和生活方式全面形成，重点领域实现深度脱碳，生态环境健康优美，生态环境治理体系和治理能力现代化全面实现，美丽中国全面建成。

锚定美丽中国建设目标，坚持精准治污、科学治污、依法治污，根据经济社会高质量发展的新需求、人民群众对生态环境改善的新期待，加大对突出生态环境问题集中解决力度，加快推动生态环境质量改善从量变到质变。"十四五"深入攻坚，实现生态环境持续改善；"十五五"巩固拓展，实现生态环境全面改善；"十六五"整体提升，实现生态环境根本好转。要坚持做到：

——全领域转型。大力推动经济社会发展绿色化、低碳化，加快能源、工业、交通运输、城乡建设、农业等领域绿色低碳转型，加强绿色科技创新，增强美丽中国建设的内生动力、创新活力。

——全方位提升。坚持要素统筹和城乡融合，一体开展"美丽系列"建设工作，重点推进美丽蓝天、美丽河湖、美丽海湾、美丽山川建设，打造美丽中国先行区、美丽城市、美丽乡村，绘就各美其美、美美与共的美丽中国新画卷。

——全地域建设。因地制宜、梯次推进美丽中国建设全域覆盖，展现大美西部壮美风貌、亮丽东北辽阔风光、美丽中部锦绣山河、和谐东部秀美风韵，塑造各具特色、多姿多彩的美丽中国建设板块。

——全社会行动。把建设美丽中国转化为全体人民行为自觉，鼓励园区、企业、社区、学校等基层单位开展绿色、清洁、零碳引领行动，形成人人参与、人人共享的良好社会氛围。

三、加快发展方式绿色转型

（一）优化国土空间开发保护格局。健全主体功能区制度，完善国土空间规划体系，统筹优化农业、生态、城镇等各类空间布局。坚守生态保护红线，强化执法监管和保护修复，使全国生态保护红线面积保持在 315 万 km^2 以上。坚决守住 18 亿亩耕地红线，确保可以长期稳定利用的耕地不再减少。严格管控城镇开发边界，推动城镇空间内涵式集约化绿色发展。严格河湖水域岸线空间管控。加强海洋和海岸带国土空间管控，建立低效用海退出机制，除国家重大项目外，不再新增围填海。完善全域覆盖的生态环境分区管控体系，为发展"明底线""划边框"。到 2035 年，大陆自然岸线保有率不低于 35%，生态保护红线生态功能不降低、性质不改变。

（二）积极稳妥推进碳达峰碳中和。有计划分步骤实施碳达峰行动，力争 2030 年前实现碳达峰，为努力争取 2060 年前实现碳中和奠定基础。坚持先立后破，加快规划建设新型能源体系，确保能源安全。重点控制煤炭等化石能源消费，加强煤炭清洁高效利用，大力发展非化石能源，加快构建新型电力系统。开展多领域多层次减污降碳协同创新试点。推动能耗双控逐步转向碳排放总量和强度双控，加强碳排放双控基础能力和制度建设。逐年编制国家温室气体清单。实施甲烷排放控制行动方案，研究制定其他非二氧化碳温室气体排放控制行动方案。进一步发展全国碳市场，稳步扩大行业覆盖范围，丰富交易品种和方式，建设完善全国温室气体自愿减排交易市场。到 2035 年，非化石能源占能源消费总量比重进一步提高，建成更加有效、更有活力、更具国际影响力的碳市场。

（三）统筹推进重点领域绿色低碳发展。推进产业数字化、智能化同绿色化深度融合，加快建设以实体经济为支撑的现代化产业体系，大力发展战略性新兴产业、高技术产业、绿色环保产业、现代服务业。严把准入关口，坚决遏制高耗能、高排放、低水平项目盲目上马。大力推进传统产业工艺、技术、装备升级，实现绿色低碳转型，实施清洁生产水平提升工程。加快既有建筑和市政基础设施节能降碳改造，推动超低能耗、低碳建筑规模化发展。大力推进"公转铁""公转水"，加快铁路专用线建设，提升大宗货物清洁化运输水平。推进铁路场站、民用机场、港口码头、物流园区等绿色化改造和铁路电气化改造，推动超低和近零排放车辆规模化应用、非道路移动机械清洁低碳应用。到 2027 年，新增汽车中新能源汽车占比力争达到45%，老旧内燃机车基本淘汰，港口集装箱铁水联运量保持较快增长；到 2035 年，铁路货运周转量占总周转量比例达到 25% 左右。

（四）推动各类资源节约集约利用。实施全面节约战略，推进节能、节水、节地、节材、节矿。持续深化重点领域节能，加强新型基础设施用能管理。深入实施国家节水行动，强化用水总量和强度双控，提升重点用水行业、产品用水效率，积极推动污水资源化利用，加强非常规水源配置利用。健全节约集约利用土地制度，推广节地技术和模式。建立绿色制造体系和服务体系。开展资源综合利用提质增效行动。加快构建废弃物循环利用体系，促进废旧风机叶片、光伏组件、动力电池、快递包装等废弃物循环利用。推进原材料节约和资源循环利用，大力发展再制造产业。全面推进绿色矿山建设。到 2035 年，能源和水资源利用效率达到国际先进水平。

四、持续深入推进污染防治攻坚

（五）持续深入打好蓝天保卫战。以京津冀及周边、长三角、汾渭平原等重点区域为主战场，以细颗粒物控制为主线，大力推进多污染物协同减排。强化挥发性有机物综合治理，实施源头替代工程。高质量推进钢铁、水泥、焦化等重点行业及燃煤锅炉超低排放改造。因地制宜采取清洁能源、集中供热替代等措施，继续推进散煤、燃煤锅炉、工业炉窑污染治理。重点区域持续实施煤炭消费总量控制。研究制定下一阶段机动车排放标准，开展新阶段油品质量标准研究，强化部门联合监管执法。加强区域联防联控，深化重污染天气重点行业绩效分级。持续实施噪声污染防治行动。着力解决恶臭、餐饮油烟等污染问题。加强消耗臭氧层物质和氢氟碳化物环境管理。到 2027 年，全国细颗粒物平均浓度下降到 $28\mu g/m^3$ 以下，各地级及以上城市力争达标；到 2035 年，全国细颗粒物浓度下降到 $25\mu g/m^3$ 以下，实现空气常新、蓝天常在。

（六）持续深入打好碧水保卫战。统筹水资源、水环境、水生态治理，深入推进长江、黄河等大江大河和重要湖泊保护治理，优化调整水功能区划及管理制度。扎实推进水源地规范化建设和备用水源地建设。基本完成入河入海排污口排查整治，全面建成排污口监测监管体系。推行重点行业企业污水治理与排放水平绩效分级。加快补齐城镇污水收集和处理设施短板，建设城市污水管网全覆盖样板区，加强污泥无害化处理和资源化利用，建设污水处理绿色低碳标杆厂。因地制宜开展内源污染治理和生态修复，基本消除城乡黑臭水体并形成长效机制。建立水生态考核机制，加强水源涵养区和生态缓冲带保护修复，强化水资源统一调度，保障河湖生态流量。坚持陆海统筹、河海联动，持续推进重点海域综合治理。以海湾为基本单元，"一湾一策"协同推进近岸海域污染防治、生态保护修复和岸滩环境整治，不断提升红树林等重要海洋生态系统质量和稳定性。加强海水养殖环境整治。积极应对蓝藻水华、赤潮绿潮等生态灾害。推进江河湖库清漂和海洋垃圾治理。到2027年，全国地表水水质、近岸海域水质优良比例分别达到90%、83%左右，美丽河湖、美丽海湾建成率达到40%左右；到2035年，"人水和谐"美丽河湖、美丽海湾基本建成。

（七）持续深入打好净土保卫战。开展土壤污染源头防控行动，严防新增污染，逐步解决长期积累的土壤和地下水严重污染问题。强化优先保护类耕地保护，扎实推进受污染耕地安全利用和风险管控，分阶段推进农用地土壤重金属污染溯源和整治全覆盖。依法加强建设用地用途变更和污染地块风险管控的联动监管，推动大型污染场地风险管控和修复。全面开展土壤污染重点监管单位周边土壤和地下水环境监测，适时开展第二次全国土壤污染状况普查。开展全国地下水污染调查评价，强化地下水型饮用水水源地环境保护，严控地下水污染防治重点区环境风险。深入打好农业农村污染治理攻坚战。到2027年，受污染耕地安全利用率达到94%以上，建设用地安全利用得到有效保障；到2035年，地下水国控点位 I～IV 类水比例达到80%以上，土壤环境风险得到全面管控。

（八）强化固体废物和新污染物治理。加快"无废城市"建设，持续推进新污染物治理行动，推动实现城乡"无废"、环境健康。加强固体废物综合治理，限制商品过度包装，全链条治理塑料污染。深化全面禁止"洋垃圾"入境工作，严防各种形式固体废物走私和变相进口。强化危险废物监管和利用处置能力，以长江经济带、黄河流域等为重点加强尾矿库污染治理。制定有毒有害化学物质环境风险管理法规。到2027年，"无废城市"建设比例达到60%，固体废物产生强度明显下降；到2035年，"无废城市"建设实现全覆盖，东部省份率先全域建成"无废城市"，新污染物环境风险得到有效管控。

五、提升生态系统多样性稳定性持续性

（九）筑牢自然生态屏障。稳固国家生态安全屏障，推进国家重点生态功能区、重要生态廊道保护建设。全面推进以国家公园为主体的自然保护地体系建设，完成全国自然保护地整合优化。实施全国自然生态资源监测评价预警工程。加强生态保护修复监管制度建设，强化统一监管。严格对所有者、开发者乃至监管者的监管，及时发现和查处各类生态破坏事件，坚决杜绝生态修复中的形式主义。加强生态状况监测评估，开展生态保护修复成效评估。持续推进"绿盾"自然保护地强化监督，建立生态保护红线生态破坏问题监督机制。到2035年，国家公园体系基本建成，生态系统格局更加稳定，展现美丽山川勃勃生机。

（十）实施山水林田湖草沙一体化保护和系统治理。加快实施重要生态系统保护和修复重大工程，推行草原森林河流湖泊湿地休养生息。继续实施山水林田湖草沙一体化保护和修复工程。科学开展大规模国土绿化行动，加大草原和湿地保护修复力度，加强荒漠化、石漠化和水土流失综合治理，全面实施森林可持续经营，加强森林草原防灭火。聚焦影响北京等重点地区的沙源地及传输路径，持续推进"三北"工程建设和京津风沙源治理，全力打好三大标志性战役。推进生态系统碳汇能力

巩固提升行动。到 2035 年，全国森林覆盖率提高至 26%，水土保持率提高至 75%，生态系统基本实现良性循环。

（十一）加强生物多样性保护。强化生物多样性保护工作协调机制的统筹协调作用，落实"昆明－蒙特利尔全球生物多样性框架"，更新中国生物多样性保护战略与行动计划，实施生物多样性保护重大工程。健全全国生物多样性保护网络，全面保护野生动植物，逐步建立国家植物园体系。深入推进长江珍稀濒危物种拯救行动，继续抓好长江十年禁渔措施落实。全面实施海洋伏季休渔制度，建设现代海洋牧场。到 2035 年，全国自然保护地陆域面积占陆域国土面积比例不低于 18%，典型生态系统、国家重点保护野生动植物及其栖息地得到全面保护。

六、守牢美丽中国建设安全底线

（十二）健全国家生态安全体系。贯彻总体国家安全观，完善国家生态安全工作协调机制，加强与经济安全、资源安全等领域协作，健全国家生态安全法治体系、战略体系、政策体系、应对管理体系，提升国家生态安全风险研判评估、监测预警、应急应对和处置能力，形成全域联动、立体高效的国家生态安全防护体系。

（十三）确保核与辐射安全。强化国家核安全工作协调机制统筹作用，构建严密的核安全责任体系，全面提高核安全监管能力，建设与我国核事业发展相适应的现代化核安全监管体系，推动核安全高质量发展。强化首堆新堆安全管理，定期开展运行设施安全评价并持续实施改进，加快老旧设施退役治理和历史遗留放射性废物处理处置，加强核技术利用安全管理和电磁辐射环境管理。加强我国管辖海域海洋辐射环境监测和研究，提升风险预警监测和应急响应能力。坚持自主创新安全发展，加强核安全领域关键性、基础性科技研发和智能化安全管理。

（十四）加强生物安全管理。加强生物技术及其产品的环境风险检测、识别、评价和监测。强化全链条防控和系统治理，健全生物安全监管预警防控体系。加强有害生物防治。开展外来入侵物种普查、监测预警、影响评估，加强进境动植物检疫和外来入侵物种防控。健全种质资源保护与利用体系，加强生物遗传资源保护和管理。

（十五）有效应对气候变化不利影响和风险。坚持减缓和适应并重，大力提升适应气候变化能力。加强气候变化观测网络建设，强化监测预测预警和影响风险评估。持续提升农业、健康和公共卫生等领域的气候韧性，加强基础设施与重大工程气候风险管理。深化气候适应型城市建设，推进海绵城市建设，强化区域适应气候变化行动。到 2035 年，气候适应型社会基本建成。

（十六）严密防控环境风险。坚持预防为主，加强环境风险常态化管理。完善国家环境应急体制机制，健全分级负责、属地为主、部门协同的环境应急责任体系，完善上下游、跨区域的应急联动机制。强化危险废物、尾矿库、重金属等重点领域以及管辖海域、边境地区等环境隐患排查和风险防控。实施一批环境应急基础能力建设工程，建立健全应急响应体系和应急物资储备体系，提升环境应急指挥信息化水平，及时妥善科学处置各类突发环境事件。健全环境健康监测、调查和风险评估制度。

七、打造美丽中国建设示范样板

（十七）建设美丽中国先行区。聚焦区域协调发展战略和区域重大战略，加强绿色发展协作，打造绿色发展高地。完善京津冀地区生态环境协同保护机制，加快建设生态环境修复改善示范区，推动雄安新区建设绿色发展城市典范。在深入实施长江经济带发展战略中坚持共抓大保护，建设人与自然和谐共生的绿色发展示范带。深化粤港澳大湾区生态环境领域规则衔接、机制对接，共建国际一流美丽湾区。深化长三角地区共保联治和一体化制度创新，高水平建设美丽长三角。坚持以水定城、以水定地、以水定人、以水定产，建设黄河流域生态保护和高质量发展先行区。深化国家生态文明试验区建设。各地区立足区域功能定位，发挥自身特色，谱写美丽中国建设省域篇章。

（十八）建设美丽城市。坚持人民城市人民建、人民城市为人民，推进以绿色低碳、环境优美、生态宜居、安全健康、智慧高效为导向的美丽城市建设。提升城市规划、建设、治理水平，实施城市更新行动，强化城际、城乡生态共保环境共治。加快转变超大特大城市发展方式，提高大中城市生态环境治理效能，推动中小城市和县城环境基础设施提级扩能，促进环境公共服务能力与人口、经济规模相适应。开展城市生态环境治理评估。

（十九）建设美丽乡村。因地制宜推广浙江"千万工程"经验，统筹推动乡村生态振兴和农村人居环境整治。加快农业投入品减量增效技术集成创新和推广应用，加强农业废弃物资源化利用和废旧农膜分类处置，聚焦农业面源污染突出区域强化系统治理。扎实推进农村厕所革命，有效治理农村生活污水、垃圾和黑臭水体。建立农村生态环境监测评价制度。科学推进乡村绿化美化，加强传统村落保护利用和乡村风貌引导。到2027年，美丽乡村整县建成比例达到40%；到2035年，美丽乡村基本建成。

（二十）开展创新示范。分类施策推进美丽城市建设，实施美丽乡村示范县建设行动，持续推广美丽河湖、美丽海湾优秀案例。推动将美丽中国建设融入基层治理创新。深入推进生态文明示范建设，推动"绿水青山就是金山银山"实践创新基地建设。鼓励自由贸易试验区绿色创新。支持美丽中国建设规划政策等实践创新。

八、开展美丽中国建设全民行动

（二十一）培育弘扬生态文化。健全以生态价值观念为准则的生态文化体系，培育生态文明主流价值观，加快形成全民生态自觉。挖掘中华优秀传统生态文化思想和资源，推出一批生态文学精品力作，促进生态文化繁荣发展。充分利用博物馆、展览馆、科教馆等，宣传美丽中国建设生动实践。

（二十二）践行绿色低碳生活方式。倡导简约适度、绿色低碳、文明健康的生活方式和消费模式。发展绿色旅游。持续推进"光盘行动"，坚决制止餐饮浪费。鼓励绿色出行，推进城市绿道网络建设，深入实施城市公共交通优先发展战略。深入开展爱国卫生运动。提升垃圾分类管理水平，推进地级及以上城市居民小区垃圾分类全覆盖。构建绿色低碳产品标准、认证、标识体系，探索建立"碳普惠"等公众参与机制。

（二十三）建立多元参与行动体系。持续开展"美丽中国，我是行动者"系列活动。充分发挥行业协会商会桥梁纽带作用和群团组织广泛动员作用，完善公众生态环境监督和举报反馈机制，推进生态环境志愿服务体系建设。深化环保设施开放，向公众提供生态文明宣传教育服务。

九、健全美丽中国建设保障体系

（二十四）改革完善体制机制。深化生态文明体制改革，一体推进制度集成、机制创新。强化美丽中国建设法治保障，推动生态环境、资源能源等领域相关法律制定修订，推进生态环境法典编纂，完善公益诉讼，加强生态环境领域司法保护，统筹推进生态环境损害赔偿。加强行政执法与司法协同合作，强化在信息通报、形势会商、证据调取、纠纷化解、生态修复等方面衔接配合。构建从山顶到海洋的保护治理大格局，实施最严格的生态环境治理制度。完善环评源头预防管理体系，全面实行排污许可制，加快构建环保信用监管体系。深化环境信息依法披露制度改革，探索开展环境、社会和公司治理评价。完善自然资源资产管理制度体系，健全国土空间用途管制制度。强化河湖长制、林长制。深入推进领导干部自然资源资产离任审计，对不顾生态环境盲目决策、造成严重后果的，依规依纪依法严格问责、终身追责。强化国家自然资源督察。充分发挥生态环境部门职能作用，强化对生态和环境的统筹协调和监督管理。深化省以下生态环境机构监测监察执法垂直管理制度改革。实施市县生态环境队伍专业培训工程。加快推进美丽中国建设重点领域标准规范制定修订，开展环境基准研究，适时修订环境空气质量等标准，鼓励出台地方性法规标准。

（二十五）强化激励政策。健全资源环境要素市场化配置体系，把碳排放权、用能权、用水权、排污权等纳入要素市场化配置改革总盘子。强化税收政策支持，严格执行环境保护税法，完善征收体系，加快把挥发性有机物纳入征收范围。加强清洁生产审核和评价认证结果应用。综合考虑企业能耗、环保绩效水平，完善高耗能行业阶梯电价制度。落实污水处理收费政策，构建覆盖污水处理和污泥处置成本并合理盈利的收费机制。完善以农业绿色发展为导向的经济激励政策，支持化肥农药减量增效和整县推进畜禽粪污收集处理利用。建立企业生态环保费用提取使用制度。健全生态产品价值实现机制，推进生态环境导向的开发模式和投融资模式创新。推进生态综合补偿，深化横向生态保护补偿机制建设。强化财政对美丽中国建设支持力度，优化生态文明建设领域财政资源配置，确保投入规模同建设任务相匹配。大力发展绿色金融，支持符合条件的企业发行绿色债券，引导各类金融机构和社会资本加大投入，探索区域性环保建设项目金融支持模式，稳步推进气候投融资创新，为美丽中国建设提供融资支持。

（二十六）加强科技支撑。推进绿色低碳科技自立自强，创新生态环境科技体制机制，构建市场导向的绿色技术创新体系。把减污降碳、多污染物协同减排、应对气候变化、生物多样性保护、新污染物治理、核安全等作为国家基础研究和科技创新的重点领域，加强关键核心技术攻关。加强企业主导的产学研深度融合，引导企业、高校、科研单位共建一批绿色低碳产业创新中心，加大高效绿色环保技术装备产品供给。实施生态环境科技创新重大行动，推进"科技创新 2030－京津冀环境综合治理"重大项目，建设生态环境领域大科学装置和重点实验室、工程技术中心、科学观测研究站等创新平台。加强生态文明领域智库建设。支持高校和科研单位加强环境学科建设。实施高层次生态环境科技人才工程，培养造就一支高水平生态环境人才队伍。

（二十七）加快数字赋能。深化人工智能等数字技术应用，构建美丽中国数字化治理体系，建设绿色智慧的数字生态文明。实施生态环境信息化工程，加强数据资源集成共享和综合开发利用。加快建立现代化生态环境监测体系，健全天空地海一体化监测网络，加强生态质量监督监测，推进生态环境卫星载荷研发。加强温室气体、地下水、新污染物、噪声、海洋、辐射、农村环境等监测能力建设，实现降碳、减污、扩绿协同监测全覆盖。提升生态环境质量预测预报水平。实施国家环境守法行动，实行排污单位分类执法监管，大力推行非现场执法，加快形成智慧执法体系。

（二十八）实施重大工程。加快实施减污降碳协同工程，支持能源结构低碳化、移动源清洁化、重点行业绿色化、工业园区循环化转型等。加快实施环境品质提升工程，支持重点领域污染减排、重要河湖海湾综合治理、土壤污染源头防控、危险废物环境风险防控、新污染物治理等。加快实施生态保护修复工程，支持生物多样性保护、重点地区防沙治沙、水土流失综合防治等。加快实施现代化生态环境基础设施建设工程，支持城乡和园区环境设施、生态环境智慧感知和监测执法应急、核与辐射安全监管等。

（二十九）共谋全球生态文明建设。坚持人类命运共同体理念，共建清洁美丽世界。坚持共同但有区别的责任原则，推动构建公平合理、合作共赢的全球环境气候治理体系。深化应对气候变化、生物多样性保护、海洋污染治理、核安全等领域国际合作。持续推动共建"一带一路"绿色发展。

十、加强党的全面领导

（三十）加强组织领导。坚持和加强党对美丽中国建设的全面领导，完善中央统筹、省负总责、市县抓落实的工作机制。充分发挥中央生态环境保护督察工作领导小组统筹协调和指导督促作用，健全工作机制，加强组织实施。研究制定生态环境保护督察工作条例。深入推进中央生态环境保护督察，将美丽中国建设情况作为督察重点。持续拍摄制作生态环境警示片。制定地方党政领导干部生态环境保护责任制规定，建立覆盖全面、权责一致、奖惩分明、环环相扣的责任体系。各地区各部门要把美丽中国建设作为事关全局的重大任务来抓，落实"党政同责、一岗双责"，及时研究解决重大问题。各级人大及其常委会加强生态文明建设立法工作和法律实施监督。各级政协加大生态文明建设专题协商和民主监督力度。各地区各有关部门推进美丽中国建设年度工作情况，书面送生态环境部，由其汇总后向党中央、国务院报告。

（三十一）压实工作责任。生态环境部会同国家发展改革委等有关部门制定分领域行动方案，建立工作协调机制，加快形成美丽中国建设实施体系和推进落实机制，推动任务项目化、清单化、责任化，加强统筹协调、调度评估和监督管理。各级党委和政府要强化生态环境保护政治责任，分类施策、分区治理，精细化建设。省（自治区、直辖市）党委和政府应当结合地方实际及时制定配套文件。各有关部门要加强工作衔接，把握好节奏和力度、协调推进、相互带动，强化对美丽中国建设重大工程的财税、金融、价格等政策支持。

（三十二）强化宣传推广。持续深化习近平生态文明思想理论研究、学习宣传、制度创新、实践推广和国际传播，推进生态文明教育纳入干部教育、党员教育、国民教育体系。通过全国生态日、环境日等多种形式加强生态文明宣传。发布美丽中国建设白皮书。按照有关规定表彰在美丽中国建设中成绩显著、贡献突出的先进单位和个人。

（三十三）开展成效考核。开展美丽中国监测评价，实施美丽中国建设进程评估。研究建立美丽中国建设成效考核指标体系，制定美丽中国建设成效考核办法，适时将污染防治攻坚战成效考核过渡到美丽中国建设成效考核，考核工作由中央生态环境保护督察工作领导小组牵头组织，考核结果作为各级领导班子和有关领导干部综合考核评价、奖惩任免的重要参考。

附录二:《中共中央 国务院关于学习
运用"千村示范、万村整治"工程经验
有力有效推进乡村全面振兴的意见》

中共中央 国务院关于学习运用
"千村示范、万村整治"工程经验有力有效
推进乡村全面振兴的意见

(2024 年 1 月 1 日)

推进中国式现代化,必须坚持不懈夯实农业基础,推进乡村全面振兴。习近平总书记在浙江工作时亲自谋划推动"千村示范、万村整治"工程(以下简称"千万工程"),从农村环境整治入手,由点及面、迭代升级,20 年持续努力造就了万千美丽乡村,造福了万千农民群众,创造了推进乡村全面振兴的成功经验和实践范例。要学习运用"千万工程"蕴含的发展理念、工作方法和推进机制,把推进乡村全面振兴作为新时代新征程"三农"工作的总抓手,坚持以人民为中心的发展思想,完整、准确、全面贯彻新发展理念,因地制宜、分类施策、循序渐进、久久为功,集中力量抓好办成一批群众可感可及的实事,不断取得实质性进展、阶段性成果。

做好 2024 年及今后一个时期"三农"工作,要以习近平新时代中国特色社会主义思想为指导,全面贯彻落实党的二十大和二十届二中全会精神,深入贯彻落实习近平总书记关于"三农"工作的重要论述,坚持和加强党对"三农"工作的全面领导,锚定建设农业强国目标,以学习运用"千万工程"经验为引领,以确保国家粮食安全、确保不发生规模性返贫为底线,以提升乡村产业发展水平、提升乡村建设水平、提升乡村治理水平为重点,强化科技和改革双轮驱动,强化农民增收举措,

打好乡村全面振兴漂亮仗，绘就宜居宜业和美乡村新画卷，以加快农业农村现代化更好推进中国式现代化建设。

一、确保国家粮食安全

（一）抓好粮食和重要农产品生产。扎实推进新一轮千亿斤粮食产能提升行动。稳定粮食播种面积，把粮食增产的重心放到大面积提高单产上，确保粮食产量保持在 1.3 万亿斤以上。实施粮食单产提升工程，集成推广良田良种良机良法。巩固大豆扩种成果，支持发展高油高产品种。适当提高小麦最低收购价，合理确定稻谷最低收购价。继续实施耕地地力保护补贴和玉米大豆生产者补贴、稻谷补贴政策。完善农资保供稳价应对机制，鼓励地方探索建立与农资价格上涨幅度挂钩的动态补贴办法。扩大完全成本保险和种植收入保险政策实施范围，实现三大主粮全国覆盖、大豆有序扩面。鼓励地方发展特色农产品保险。推进农业保险精准投保理赔，做到应赔尽赔。完善巨灾保险制度。加大产粮大县支持力度。探索建立粮食产销区省际横向利益补偿机制，深化多渠道产销协作。扩大油菜面积，支持发展油茶等特色油料。加大糖料蔗种苗和机收补贴力度。加强"菜篮子"产品应急保供基地建设，优化生猪产能调控机制，稳定牛羊肉基础生产能力。完善液态奶标准，规范复原乳标识，促进鲜奶消费。支持深远海养殖，开发森林食品。树立大农业观、大食物观，多渠道拓展食物来源，探索构建大食物监测统计体系。

（二）严格落实耕地保护制度。健全耕地数量、质量、生态"三位一体"保护制度体系，落实新一轮国土空间规划明确的耕地和永久基本农田保护任务。改革完善耕地占补平衡制度，坚持"以补定占"，将省域内稳定利用耕地净增加量作为下年度非农建设允许占用耕地规模上限。健全补充耕地质量验收制度，完善后续管护和再评价机制。加强退化耕地治理，加大黑土地保护工程推进力度，实施耕地有机质提升行动。严厉打击非法占用农用地犯罪和耕地非法取土。持续整治"大棚房"。分类稳妥开展违规占用耕地整改复耕，细化明确耕地"非粮化"整改范围，合理安排恢复时序。因地制宜推进撂荒地利用，宜粮则粮、宜经则经，对确无人耕种的支持农村集体经济组织多途径种好用好。

（三）加强农业基础设施建设。坚持质量第一，优先把东北黑土地区、平原地区、具备水利灌溉条件地区的耕地建成高标准农田，适当提高中央和省级投资补助水平，取消各地对产粮大县资金配套要求，强化高标准农田建设全过程监管，确保建一块、成一块。鼓励农村集体经济组织、新型农业经营主体、农户等直接参与高标准农田建设管护。分区分类开展盐碱耕地治理改良，"以种适地"同"以地适种"相结合，支持盐碱地综合利用试点。推进重点水源、灌区、蓄滞洪区建设和现代化改造，实施水库除险加固和中小河流治理、中小型水库建设等工程。加强小型农田水利设施建设和管护。加快推进受灾地区灾后恢复重建。加强气象灾害短期预警和中长期趋势研判，健全农业防灾减灾救灾长效机制。推进设施农业现代化提升行动。

（四）强化农业科技支撑。优化农业科技创新战略布局，支持重大创新平台建设。加快推进种业振兴行动，完善联合研发和应用协作机制，加大种源关键核心技术攻关，加快选育推广生产急需的自主优良品种。开展重大品种研发推广应用一体化试点。推动生物育种产业化扩面提速。大力实施农机装备补短板行动，完善农机购置与应用补贴政策，开辟急需适用农机鉴定"绿色通道"。加强基层农技推广体系条件建设，强化公益性服务功能。

（五）构建现代农业经营体系。聚焦解决"谁来种地"问题，以小农户为基础、新型农业经营主体为重点、社会化服务为支撑，加快打造适应现代农业发展的高素质生产经营队伍。提升家庭农场和农民合作社生产经营水平，增强服务带动小农户能力。加强农业社会化服务平台和标准体系建设，聚焦农业生产关键薄弱环节和小农户，拓展服务领域和模式。支持农村集体经济组织提供生产、劳务等居间服务。

（六）增强粮食和重要农产品调控能力。健全农产品全产业链监测预警机制，强化多品种联动调控、储备调节和应急保障。优化粮食仓储设施布局，提升储备安全水平。深化"一带一路"农业合作。加大农产品走私打击力度。加强粮食和重要农产品消费监测分析。

（七）持续深化食物节约各项行动。弘扬节约光荣风尚，推进全链条节粮减损，健全常态化、长效化工作机制。挖掘粮食机收减损潜力，推广散粮运输和储粮新型装具。完善粮食适度加工标准。大力提倡健康饮食，健全部门监管、行业自律、社会监督相结合的监管体系，坚决制止餐饮浪费行为。

二、确保不发生规模性返贫

（八）落实防止返贫监测帮扶机制。压紧压实防止返贫工作责任，持续巩固提升"三保障"和饮水安全保障成果。对存在因灾返贫风险的农户，符合政策规定的可先行落实帮扶措施。加强农村高额医疗费用负担患者监测预警，按规定及时落实医疗保障和救助政策。加快推动防止返贫监测与低收入人口动态监测信息平台互联互通，加强跨部门信息整合共享。研究推动防止返贫帮扶政策和农村低收入人口常态化帮扶政策衔接并轨。

（九）持续加强产业和就业帮扶。强化帮扶产业分类指导，巩固一批、升级一批、盘活一批、调整一批，推动产业提质增效、可持续发展。中央财政衔接推进乡村振兴补助资金用于产业发展的比例保持总体稳定，强化资金项目绩效管理。加强帮扶项目资产管理，符合条件的纳入农村集体资产统一管理。提升消费帮扶助农增收行动实效。推进防止返贫就业攻坚行动，落实东西部劳务协作帮扶责任，统筹用好就业帮扶车间、公益岗位等渠道，稳定脱贫劳动力就业规模。

（十）加大对重点地区帮扶支持力度。将脱贫县涉农资金统筹整合试点政策优化调整至 160 个国家乡村振兴重点帮扶县实施，加强整合资金使用监管。国有金融机构加大对国家乡村振兴重点帮扶县金融支持力度。持续开展医疗、教育干部人才"组团式"帮扶和科技特派团选派。高校毕业生"三支一扶"计划向脱贫地区倾斜。支持易地扶贫搬迁安置区可持续发展。易地搬迁至城镇后因人口增长出现住房困难的家庭，符合条件的统筹纳入城镇住房保障范围。推动建立欠发达地区常态化帮扶机制。

三、提升乡村产业发展水平

（十一）促进农村一二三产业融合发展。坚持产业兴农、质量兴农、绿色兴农，加快构建粮经饲统筹、农林牧渔并举、产加销贯通、农文旅融合的现代乡村产业体系，把农业建成现代化大产业。鼓励各地因地制宜大力发展特色产业，支持打造乡土特色品牌。实施乡村文旅深度融合工程，推进乡村旅游集聚区（村）建设，培育生态旅游、森林康养、休闲露营等新业态，推进乡村民宿规范发展、提升品质。优化实施农村产业融合发展项目，培育农业产业化联合体。

（十二）推动农产品加工业优化升级。推进农产品生产和初加工、精深加工协同发展，促进就近就地转化增值。推进农产品加工设施改造提升，支持区域性预冷烘干、储藏保鲜、鲜切包装等初加工设施建设，发展智能化、清洁化精深加工。支持东北地区发展大豆等农产品全产业链加工，打造食品和饲料产业集群。支持粮食和重要农产品主产区建设加工产业园。

（十三）推动农村流通高质量发展。深入推进县域商业体系建设，健全县乡村物流配送体系，促进农村客货邮融合发展，大力发展共同配送。推进农产品批发市场转型升级。优化农产品冷链物流体系建设，加快建设骨干冷链物流基地，布局建设县域产地公共冷链物流设施。实施农村电商高质量发展工程，推进县域电商直播基地建设，发展乡村土特产网络销售。加强农村流通领域市场监管，持续整治农村假冒伪劣产品。

（十四）强化农民增收举措。实施农民增收促进行动，持续壮大乡村富民产业，支持农户发展特色种养、手工作坊、林下经济等家庭经营项目。强化产业发展联农带农，健全新型农业经营主体和涉农企业扶持政策与带动农户增收挂钩机制。促进农村劳动力多渠道就业，健全跨区域信息共享和有组织劳务输出机制，培育壮大劳务品牌。开展农民工服务保障专项行动，加强农民工就业动态监测。加强拖欠农民工工资源头预防和风险预警，完善根治欠薪长效机制。加强农民工职业技能培训，推广订单、定向、定岗培训模式。做好大龄农民工就业扶持。在重点工程项目和农业农村基础设施建设领域积极推广以工代赈，继续扩大劳务报酬规模。鼓励以出租、合作开发、入股经营等方式盘活利用农村资源资产，增加农民财产性收入。

四、提升乡村建设水平

（十五）增强乡村规划引领效能。适应乡村人口变化趋势，优化村庄布局、产业结构、公共服务配置。强化县域国土空间规划对城镇、村庄、产业园区等空间布局的统筹。分类编制村庄规划，可单独编制，也可以乡镇或若干村庄为单元编制，不需要编制的可在县乡级国土空间规划中明确通则式管理规定。加强村庄规划编制实效性、可操作性和执行约束力，强化乡村空间设计和风貌管控。在耕地总量不减少、永久基本农田布局基本稳定的前提下，综合运用增减挂钩和占补平衡政策，稳妥有序开展以乡镇为基本单元的全域土地综合整治，整合盘活农村零散闲置土地，保障乡村基础设施和产业发展用地。

（十六）深入实施农村人居环境整治提升行动。因地制宜推进生活污水垃圾治理和农村改厕，完善农民参与和长效管护机制。健全农村生活垃圾分类收运处置体系，完善农村再生资源回收利用网络。分类梯次推进生活污水治理，加强农村黑臭水体动态排查和源头治理。稳步推进中西部地区户厕改造，探索农户自愿按标准改厕、政府验收合格后补助到户的奖补模式。协同推进农村有机生活垃圾、粪污、农业生产有机废弃物资源化处理利用。

（十七）推进农村基础设施补短板。从各地实际和农民需求出发，抓住普及普惠的事，干一件、成一件。完善农村供水工程体系，有条件的推进城乡供水一体化、集中供水规模化，暂不具备条件的加强小型供水工程规范化建设改造，加强专业化管护，深入实施农村供水水质提升专项行动。推进农村电网巩固提升工程。推动农村分布式新能源发展，加强重点村镇新能源汽车充换电设施规划建设。扎实推进"四好农村路"建设，完善交通管理和安全防护设施，加快实施农村公路桥梁安全"消危"行动。继续实施农村危房改造和农房抗震改造，巩固农村房屋安全隐患排查整治成果。持续实施数字乡村发展行动，发展智慧农业，缩小城乡"数字鸿沟"。实施智慧广电乡村工程。鼓励有条件的省份统筹建设区域性大数据平台，加强农业生产经营、农村社会管理等涉农信息协同共享。

（十八）完善农村公共服务体系。优化公共教育服务供给，加强寄宿制学校建设，办好必要的乡村小规模学校。实施县域普通高中发展提升行动计划。加强乡镇卫生院和村卫生室服务能力建设，稳步提高乡村医生中具备执业（助理）医师资格的人员比例。持续提升农村传染病防控和应急处置能力。逐步提高县域内医保基金在乡村医疗卫生机构使用的比例，加快将村卫生室纳入医保定点管理。健全农村养老服务体系，因地制宜推进区域性养老服务中心建设，鼓励发展农村老年助餐和互助服务。健全城乡居民基本养老保险"多缴多得、长缴多得"激励机制。加强农村生育支持和婴幼儿照护服务，做好流动儿童、留守儿童、妇女、老年人、残疾人等关心关爱服务。实施产粮大县公共服务能力提升行动。

（十九）加强农村生态文明建设。持续打好农业农村污染治理攻坚战，一体化推进乡村生态保护修复。扎实推进化肥农药减量增效，推广种养循环模式。整县推进农业面源污染综合防治。加强耕地土壤重金属污染源排查整治。加强食用农产品产地质量安全控制和产品检测，提升"从农田到餐桌"全过程食品安全监管能力。推进兽用抗菌药使用减量化行动。强化重大动物疫病和重点人畜共患病防控。持续巩固长江十年禁渔成效。加快推进长江中上游坡耕地水土流失治理，扎实推进黄河流域深度节水控水。推进水系连通、水源涵养、水土保持，复苏河湖生态环境，强化地下水超采治理。加强荒漠化综合防治，探索"草光互补"模式。全力打好"三北"工程攻坚战，鼓励通过多种方式组织农民群众参与项目建设。优化草原生态保护补奖政策，健全对超载过牧的约束机制。加强森林草原防灭火。实施古树名木抢救保护行动。

（二十）促进县域城乡融合发展。统筹新型城镇化和乡村全面振兴，提升县城综合承载能力和治理能力，促进县乡村功能衔接互补、资源要素优化配置。优化县域产业结构和空间布局，构建以县城为枢纽、以小城镇为节点的县域经济体系，扩大县域就业容量。统筹县域城乡基础设施规划建设管护，推进城乡学校共同体、紧密型县域医共体建设。实施新一轮农业转移人口市民化行动，鼓励有条件的县（市、区）将城镇常住人口全部纳入住房保障政策范围。

五、提升乡村治理水平

（二十一）推进抓党建促乡村振兴。坚持大抓基层鲜明导向，强化县级党委抓乡促村责任，健全县乡村三级联动争创先进、整顿后进机制。全面提升乡镇领导班子抓乡村振兴能力，开展乡镇党政正职全覆盖培训和农村党员进党校集中轮训。建好建强农村基层党组织，健全村党组织领导的村级组织体系，推行村级议事协商目录制度。加强村干部队伍建设，健全选育管用机制，实施村党组织带头人后备力量培育储备三年行动。优化驻村第一书记和工作队选派管理。进一步整合基层监督执纪力量，推动完善基层监督体系，持续深化乡村振兴领域不正之风和腐败问题专项整治。加强乡镇对县直部门派驻机构及人员的管理职责，加大编制资源向乡镇倾斜力度，县以上机关一般不得从乡镇借调工作人员，推广"街乡吹哨、部门报到"等做法，严格实行上级部门涉基层事务准入制度，健全基层职责清单和事务清单，推动解决"小马拉大车"等基层治理问题。

（二十二）繁荣发展乡村文化。推动农耕文明和现代文明要素有机结合，书写中华民族现代文明的乡村篇。改进创新农村精神文明建设，推动新时代文明实践向村庄、集市等末梢延伸，促进城市优质文化资源下沉，增加有效服务供给。深入开展听党话、感党恩、跟党走宣传教育活动。加强乡村优秀传统文化保护传承和创新发展。强化农业文化遗产、农村非物质文化遗产挖掘整理和保护利用，实施乡村文物保护工程。开展传统村落集中连片保护利用示范。坚持农民唱主角，促进"村BA"、村超、村晚等群众性文体活动健康发展。

（二十三）持续推进农村移风易俗。坚持疏堵结合、标本兼治，创新移风易俗抓手载体，发挥村民自治作用，强化村规民约激励约束功能，持续推进高额彩礼、大操大办、散埋乱葬等突出问题综合治理。鼓励各地利用乡村综合性服务场所，为农民婚丧嫁娶等提供普惠性社会服务，降低农村人情负担。完善婚事新办、丧事简办、孝老爱亲等约束性规范和倡导性标准。推动党员干部带头承诺践诺，发挥示范带动作用。强化正向引导激励，加强家庭家教家风建设，推广清单制、积分制等有效办法。

（二十四）建设平安乡村。坚持和发展新时代"枫桥经验"，完善矛盾纠纷源头预防、排查预警、多元化解机制。健全农村扫黑除恶常态化机制，持续防范和整治"村霸"，依法打击农村宗族黑恶势力及其"保护伞"。持续开展打击整治农村赌博违法犯罪专项行动，加强电信网络诈骗宣传防范。开展农村道路交通、燃气、消防、渔船等重点领域安全隐患治理攻坚。加强农村防灾减灾工程、应急管理信息化和公共消防设施建设，提升防灾避险和自救互救能力。加强法治乡村建设，增强农民法律意识。

六、加强党对"三农"工作的全面领导

（二十五）健全党领导农村工作体制机制。坚持把解决好"三农"问题作为全党工作重中之重，坚持农业农村优先发展，改革完善"三农"工作体制机制，全面落实乡村振兴责任制，压实五级书记抓乡村振兴责任，明确主攻方向，扎实组织推动。加强党委农村工作体系建设，强化统筹推进乡村振兴职责。巩固拓展学习贯彻习近平新时代中国特色社会主义思想主题教育成果。各级党政领导干部要落实"四下基层"制度，深入调查研究，推动解决农民群众反映强烈的问题。优化各类涉农督查检查考核，突出实绩实效，能整合的整合，能简化的简化，减轻基层迎检迎考负担。按规定开展乡村振兴表彰激励。讲好新时代乡村振兴故事。

（二十六）强化农村改革创新。在坚守底线前提下，鼓励各地实践探索和制度创新，强化改革举措集成增效，激发乡村振兴动力活力。启动实施第二轮土地承包到期后再延长30年整省试点。健全土地流转价格形成机制，探索防止流转费用不合理上涨有效办法。稳慎推进农村宅基地制度改革。深化农村集体产权制度改革，促进新型农村集体经济健康发展，严格控制农村集体经营风险。对集体资产由村民委员会、村民小组登记到农村集体经济组织名下实行税收减免。持续深化集体林权制度改革、农业水价综合改革、农垦改革和供销合作社综合改革。

（二十七）完善乡村振兴多元化投入机制。坚持将农业农村作为一般公共预算优先保障领域，创新乡村振兴投融资机制，

确保投入与乡村振兴目标任务相适应。落实土地出让收入支农政策。规范用好地方政府专项债券等政策工具，支持乡村振兴重大工程项目建设。强化对信贷业务以县域为主的金融机构货币政策精准支持，完善大中型银行"三农"金融服务专业化工作机制，强化农村中小金融机构支农支小定位。分省分类推进农村信用社改革化险。创新支持粮食安全、种业振兴等重点领域信贷服务模式。发展农村数字普惠金融，推进农村信用体系建设。发挥全国农业信贷担保体系和政府投资基金等作用。强化财政金融协同联动，在不新增地方政府隐性债务的前提下，开展高标准农田和设施农业建设等涉农领域贷款贴息奖补试点。鼓励社会资本投资农业农村，有效防范和纠正投资经营中的不当行为。加强涉农资金项目监管，严厉查处套取、骗取资金等违法违规行为。

（二十八）壮大乡村人才队伍。实施乡村振兴人才支持计划，加大乡村本土人才培养，有序引导城市各类专业技术人才下乡服务，全面提高农民综合素质。强化农业科技人才和农村高技能人才培养使用，完善评价激励机制和保障措施。加强高等教育新农科建设，加快培养农林水利类紧缺专业人才。发挥普通高校、职业院校、农业广播电视学校等作用，提高农民教育培训实效。推广医疗卫生人员"县管乡用、乡聘村用"，实施教师"县管校聘"改革。推广科技小院模式，鼓励科研院所、高校专家服务农业农村。

让我们紧密团结在以习近平同志为核心的党中央周围，坚定信心、铆足干劲、苦干实干，推进乡村全面振兴不断取得新成效，向建设农业强国目标扎实迈进。

附录三:《中华人民共和国乡村振兴促进法》

中华人民共和国乡村振兴促进法

（2021 年 4 月 29 日第十三届全国人民代表大会常务委员会
第二十八次会议通过）

第一章 总 则

第一条 为了全面实施乡村振兴战略，促进农业全面升级、农村全面进步、农民全面发展，加快农业农村现代化，全面建设社会主义现代化国家，制定本法。

第二条 全面实施乡村振兴战略，开展促进乡村产业振兴、人才振兴、文化振兴、生态振兴、组织振兴，推进城乡融合发展等活动，适用本法。

本法所称乡村，是指城市建成区以外具有自然、社会、经济特征和生产、生活、生态、文化等多重功能的地域综合体，包括乡镇和村庄等。

第三条 促进乡村振兴应当按照产业兴旺、生态宜居、乡风文明、治理有效、生活富裕的总要求，统筹推进农村经济建设、政治建设、文化建设、社会建设、生态文明建设和党的建设，充分发挥乡村在保障农产品供给和粮食安全、保护生态环境、传承发展中华民族优秀传统文化等方面的特有功能。

第四条 全面实施乡村振兴战略，应当坚持中国共产党的领导，贯彻创新、协调、绿色、开放、共享的新发展理念，走中国特色社会主义乡村振兴道路，促进共同富裕，遵循以下原则：

（一）坚持农业农村优先发展，在干部配备上优先考虑，在要素配置上优先满足，在资金投入上优先保障，在公共服务上优先安排；

（二）坚持农民主体地位，充分尊重农民意愿，保障农民民主权利和其他合法权益，调动农民的积极性、主动性、创造性，维护农民根本利益；

（三）坚持人与自然和谐共生，统筹山水林田湖草沙系统治理，推动绿色发展，推进生态文明建设；

（四）坚持改革创新，充分发挥市场在资源配置中的决定性作用，更好发挥政府作用，推进农业供给侧结构性改革和高质量发展，不断解放和发展乡村社会生产力，激发农村发展活力；

（五）坚持因地制宜、规划先行、循序渐进，顺应村庄发展规律，根据乡村的历史文化、发展现状、区位条件、资源禀赋、产业基础分类推进。

第五条　国家巩固和完善以家庭承包经营为基础、统分结合的双层经营体制，发展壮大农村集体所有制经济。

第六条　国家建立健全城乡融合发展的体制机制和政策体系，推动城乡要素有序流动、平等交换和公共资源均衡配置，坚持以工补农、以城带乡，推动形成工农互促、城乡互补、协调发展、共同繁荣的新型工农城乡关系。

第七条　国家坚持以社会主义核心价值观为引领，大力弘扬民族精神和时代精神，加强乡村优秀传统文化保护和公共文化服务体系建设，繁荣发展乡村文化。

每年农历秋分日为中国农民丰收节。

第八条　国家实施以我为主、立足国内、确保产能、适度进口、科技支撑的粮食安全战略，坚持藏粮于地、藏粮于技，采取措施不断提高粮食综合生产能力，建设国家粮食安全产业带，完善粮食加工、流通、储备体系，确保谷物基本自给、口粮绝对安全，保障国家粮食安全。

国家完善粮食加工、储存、运输标准，提高粮食加工出品率和利用率，推动节粮减损。

第九条　国家建立健全中央统筹、省负总责、市县乡抓落实的乡村振兴工作机制。

各级人民政府应当将乡村振兴促进工作纳入国民经济和社会发展规划，并建立乡村振兴考核评价制度、工作年度报告制度和监督检查制度。

第十条　国务院农业农村主管部门负责全国乡村振兴促进工作的统筹协调、宏观指导和监督检查；国务院其他有关部门在各自职责范围内负责有关的乡村振兴促进工作。

县级以上地方人民政府农业农村主管部门负责本行政区域内乡村振兴促进工作的统筹协调、指导和监督检查；县级以上地方人民政府其他有关部门在各自职责范围内负责有关的乡村振兴促进工作。

第十一条　各级人民政府及其有关部门应当采取多种形式，广泛宣传乡村振兴促进相关法律法规和政策，鼓励、支持人民团体、社会组织、企事业单位等社会各方面参与乡村振兴促进相关活动。

对在乡村振兴促进工作中作出显著成绩的单位和个人，按照国家有关规定给予表彰和奖励。

第二章　产　业　发　展

第十二条　国家完善农村集体产权制度，增强农村集体所有制经济发展活力，促进集体资产保值增值，确保农民受益。

各级人民政府应当坚持以农民为主体，以乡村优势特色资源为依托，支持、促进农村一二三产业融合发展，推动建立现代农业产业体系、生产体系和经营体系，推进数字乡村建设，培育新产业、新业态、新模式和新型农业经营主体，促进小农户和现代农业发展有机衔接。

第十三条　国家采取措施优化农业生产力布局，推进农业结构调整，发展优势特色产业，保障粮食和重要农产品有效供给和质量安全，推动品种培优、品质提升、品牌打造和标准化生产，推动农业对外开放，提高农业质量、效益和竞争力。

国家实行重要农产品保障战略，分品种明确保障目标，构建科学合理、安全高效的重要农产品供给保障体系。

第十四条　国家建立农用地分类管理制度，严格保护耕地，严格控制农用地转为建设用地，严格控制耕地转为林地、园地等其他类型农用地。省、自治区、直辖市人民政府应当采取措施确保耕地总量不减少、质量有提高。

国家实行永久基本农田保护制度，建设粮食生产功能区、重要农产品生产保护区，建设并保护高标准农田。

地方各级人民政府应当推进农村土地整理和农用地科学安全利用，加强农田水利等基础设施建设，改善农业生产条件。

第十五条　国家加强农业种质资源保护利用和种质资源库建设，支持育种基础性、前沿性和应用技术研究，实施农作物和畜禽等良种培育、育种关键技术攻关，鼓励种业科技成果转化和优良品种推广，建立并实施种业国家安全审查机制，促进种业高质量发展。

第十六条　国家采取措施加强农业科技创新，培育创新主体，构建以企业为主体、产学研协同的创新机制，强化高等学校、科研机构、农业企业创新能力，建立创新平台，加强新品种、新技术、新装备、新产品研发，加强农业知识产权保护，推进生物种业、智慧农业、设施农业、农产品加工、绿色农业投入品等领域创新，建设现代农业产业技术体系，推动农业农村创新驱动发展。

国家健全农业科研项目评审、人才评价、成果产权保护制度，保障对农业科技基础性、公益性研究的投入，激发农业科技人员创新积极性。

第十七条　国家加强农业技术推广体系建设，促进建立有利于农业科技成果转化推广的激励机制和利益分享机制，鼓励企业、高等学校、职业学校、科研机构、科学技术社会团体、农民专业合作社、农业专业化社会化服务组织、农业科技人员等创新推广方式，开展农业技术推广服务。

第十八条　国家鼓励农业机械生产研发和推广应用，推进主要农作物生产全程机械化，提高设施农业、林草业、畜牧业、渔业和农产品初加工的装备水平，推动农机农艺融合、机械化信息化融合，促进机械化生产与农田建设相适应、服务模式与农业适度规模经营相适应。

国家鼓励农业信息化建设，加强农业信息监测预警和综合服务，推进农业生产经营信息化。

第十九条　各级人民政府应当发挥农村资源和生态优势，支持特色农业、休闲农业、现代农产品加工业、乡村手工业、绿色建材、红色旅游、乡村旅游、康养和乡村物流、电子商务等乡村产业的发展；引导新型经营主体通过特色化、专业化经营，合理配置生产要素，促进乡村产业深度融合；支持特色农产品优势区、现代农业产业园、农业科技园、农村创业园、休闲农业和乡村旅游重点村镇等的建设；统筹农产品生产地、集散地、销售地市场建设，加强农产品流通骨干网络和冷链物流体系建设；鼓励企业获得国际通行的农产品认证，增强乡村产业竞争力。

发展乡村产业应当符合国土空间规划和产业政策、环境保护的要求。

第二十条　各级人民政府应当完善扶持政策，加强指导服务，支持农民、返乡入乡人员在乡村创业创新，促进乡村产业发展和农民就业。

第二十一条　各级人民政府应当建立健全有利于农民收入稳定增长的机制，鼓励支持农民拓宽增收渠道，促进农民增加收入。

国家采取措施支持农村集体经济组织发展，为本集体成员提供生产生活服务，保障成员从集体经营收入中获得收益分配的权利。

国家支持农民专业合作社、家庭农场和涉农企业、电子商务企业、农业专业化社会化服务组织等以多种方式与农民建立紧密型利益联结机制，让农民共享全产业链增值收益。

第二十二条　各级人民政府应当加强国有农（林、牧、渔）场规划建设，推进国有农（林、牧、渔）场现代农业发展，鼓励国有农（林、牧、渔）场在农业农村现代化建设中发挥示范引领作用。

第二十三条　各级人民政府应当深化供销合作社综合改革，鼓励供销合作社加强与农民利益联结，完善市场运作机制，强化为农服务功能，发挥其为农服务综合性合作经济组织的作用。

第三章　人　才　支　撑

第二十四条　国家健全乡村人才工作体制机制，采取措施鼓励和支持社会各方面提供教育培训、技术支持、创业指导等服务，培养本土人才，引导城市人才下乡，推动专业人才服务乡村，促进农业农村人才队伍建设。

第二十五条　各级人民政府应当加强农村教育工作统筹，持续改善农村学校办学条件，支持开展网络远程教育，提高农村基础教育质量，加大乡村教师培养力度，采取公费师范教育等方式吸引高等学校毕业生到乡村任教，对长期在乡村任教的教师在职称评定等方面给予优待，保障和改善乡村教师待遇，提高乡村教师学历水平、整体素质和乡村教育现代化水平。

各级人民政府应当采取措施加强乡村医疗卫生队伍建设，支持县乡村医疗卫生人员参加培训、进修，建立县乡村上下贯通的职业发展机制，对在乡村工作的医疗卫生人员实行优惠待遇，鼓励医学院校毕业生到乡村工作，支持医师到乡村医疗卫生机构执业、开办乡村诊所、普及医疗卫生知识，提高乡村医疗卫生服务能力。

各级人民政府应当采取措施培育农业科技人才、经营管理人才、法律服务人才、社会工作人才，加强乡村文化人才队伍建设，培育乡村文化骨干力量。

第二十六条　各级人民政府应当采取措施，加强职业教育和继续教育，组织开展农业技能培训、返乡创业就业培训和职业技能培训，培养有文化、懂技术、善经营、会管理的高素质农民和农村实用人才、创新创业带头人。

第二十七条　县级以上人民政府及其教育行政部门应当指导、支持高等学校、职业学校设置涉农相关专业，加大农村专业人才培养力度，鼓励高等学校、职业学校毕业生到农村就业创业。

第二十八条　国家鼓励城市人才向乡村流动，建立健全城乡、区域、校地之间人才培养合作与交流机制。

县级以上人民政府应当建立鼓励各类人才参与乡村建设的激励机制，搭建社会工作和乡村建设志愿服务平台，支持和引导各类人才通过多种方式服务乡村振兴。

乡镇人民政府和村民委员会、农村集体经济组织应当为返乡入乡人员和各类人才提供必要的生产生活服务。农村集体经济组织可以根据实际情况提供相关的福利待遇。

第四章　文　化　繁　荣

第二十九条　各级人民政府应当组织开展新时代文明实践活动，加强农村精神文明建设，不断提高乡村社会文明程度。

第三十条　各级人民政府应当采取措施丰富农民文化体育生活，倡导科学健康的生产生活方式，发挥村规民约积极作用，普及科学知识，推进移风易俗，破除大操大办、铺张浪费等陈规陋习，提倡孝老爱亲、勤俭节约、诚实守信，促进男女平等，创建文明村镇、文明家庭，培育文明乡风、良好家风、淳朴民风，建设文明乡村。

第三十一条　各级人民政府应当健全完善乡村公共文化体育设施网络和服务运行机制，鼓励开展形式多样的农民群众性文化体育、节日民俗等活动，充分利用广播电视、视听网络和书籍报刊，拓展乡村文化服务渠道，提供便利可及的公共文化服务。

各级人民政府应当支持农业农村农民题材文艺创作，鼓励制作反映农民生产生活和乡村振兴实践的优秀文艺作品。

第三十二条　各级人民政府应当采取措施保护农业文化遗产和非物质文化遗产，挖掘优秀农业文化深厚内涵，弘扬红色文化，传承和发展优秀传统文化。

县级以上地方人民政府应当加强对历史文化名镇名村、传统村落和乡村风貌、少数民族特色村寨的保护，开展保护状况监测和评估，采取措施防御和减轻火灾、洪水、地震等灾害。

第三十三条　县级以上地方人民政府应当坚持规划引导、典型示范，有计划地建设特色鲜明、优势突出的农业文化展示区、文化产业特色村落，发展乡村特色文化体育产业，推动乡村地区传统工艺振兴，积极推动智慧广电乡村建设，活跃繁荣农村文化市场。

第五章　生　态　保　护

第三十四条　国家健全重要生态系统保护制度和生态保护补偿机制，实施重要生态系统保护和修复工程，加强乡村生态保护和环境治理，绿化美化乡村环境，建设美丽乡村。

第三十五条　国家鼓励和支持农业生产者采用节水、节肥、节药、节能等先进的种植养殖技术，推动种养结合、农业资源综合开发，优先发展生态循环农业。

各级人民政府应当采取措施加强农业面源污染防治，推进农业投入品减量化、生产清洁化、废弃物资源化、产业模式生态化，引导全社会形成节约适度、绿色低碳、文明健康的生产生活和消费方式。

第三十六条　各级人民政府应当实施国土综合整治和生态修复，加强森林、草原、湿地等保护修复，开展荒漠化、石漠化、水土流失综合治理，改善乡村生态环境。

第三十七条　各级人民政府应当建立政府、村级组织、企业、农民等各方面参与的共建共管共享机制，综合整治农村水系，因地制宜推广卫生厕所和简便易行的垃圾分类，治理农村垃圾和污水，加强乡村无障碍设施建设，鼓励和支持使用清洁能源、可再生能源，持续改善农村人居环境。

第三十八条　国家建立健全农村住房建设质量安全管理制度和相关技术标准体系，建立农村低收入群体安全住房保障机制。建设农村住房应当避让灾害易发区域，符合抗震、防洪等基本安全要求。

县级以上地方人民政府应当加强农村住房建设管理和服务，强化新建农村住房规划管控，严格禁止违法占用耕地建房；鼓励农村住房设计体现地域、民族和乡土特色，鼓励农村住房建设采用新型建造技术和绿色建材，引导农民建设功能现代、结构安全、成本经济、绿色环保、与乡村环境相协调的宜居住房。

第三十九条　国家对农业投入品实行严格管理，对剧毒、高毒、高残留的农药、兽药采取禁用限用措施。农产品生产经营者不得使用国家禁用的农药、兽药或者其他有毒有害物质，不得违反农产品质量安全标准和国家有关规定超剂量、超范围使用农药、兽药、肥料、饲料添加剂等农业投入品。

第四十条　国家实行耕地养护、修复、休耕和草原森林河流湖泊休养生息制度。县级以上人民政府及其有关部门依法划定江河湖海限捕、禁捕的时间和区域，并可以根据地下水超采情况，划定禁止、限制开采地下水区域。

禁止违法将污染环境、破坏生态的产业、企业向农村转移。禁止违法将城镇垃圾、工业固体废物、未经达标处理的城镇污水等向农业农村转移。禁止向农用地排放重金属或者其他有毒有害物质含量超标的污水、污泥，以及可能造成土壤污染的清淤底泥、尾矿、矿渣等；禁止将有毒有害废物用作肥料或者用于造田和土地复垦。

地方各级人民政府及其有关部门应当采取措施，推进废旧农膜和农药等农业投入品包装废弃物回收处理，推进农作物秸秆、畜禽粪污的资源化利用，严格控制河流湖库、近岸海域投饵网箱养殖。

第六章　组　织　建　设

第四十一条　建立健全党委领导、政府负责、民主协商、社会协同、公众参与、法治保障、科技支撑的现代乡村社会治理体制和自治、法治、德治相结合的乡村社会治理体系，建设充满活力、和谐有序的善治乡村。

地方各级人民政府应当加强乡镇人民政府社会管理和服务能力建设，把乡镇建成乡村治理中心、农村服务中心、乡村经济中心。

第四十二条　中国共产党农村基层组织，按照中国共产党章程和有关规定发挥全面领导作用。村民委员会、农村集体经济组织等应当在乡镇党委和村党组织的领导下，实行村民自治，发展集体所有制经济，维护农民合法权益，并应当接受村民监督。

第四十三条　国家建立健全农业农村工作干部队伍的培养、配备、使用、管理机制，选拔优秀干部充实到农业农村工作干部队伍，采取措施提高农业农村工作干部队伍的能力和水平，落实农村基层干部相关待遇保障，建设懂农业、爱农村、爱农民的农业农村工作干部队伍。

第四十四条　地方各级人民政府应当构建简约高效的基层管理体制，科学设置乡镇机构，加强乡村干部培训，健全农村基层服务体系，夯实乡村治理基础。

第四十五条　乡镇人民政府应当指导和支持农村基层群众性自治组织规范化、制度化建设，健全村民委员会民主决策机制和村务公开制度，增强村民自我管理、自我教育、自我服务、自我监督能力。

第四十六条　各级人民政府应当引导和支持农村集体经济组织发挥依法管理集体资产、合理开发集体资源、服务集体成员等方面的作用，保障农村集体经济组织的独立运营。

县级以上地方人民政府应当支持发展农民专业合作社、家庭农场、农业企业等多种经营主体，健全农业农村社会化服务体系。

第四十七条　县级以上地方人民政府应当采取措施加强基层群团组织建设，支持、规范和引导农村社会组织发展，发挥基层群团组织、农村社会组织团结群众、联系群众、服务群众等方面的作用。

第四十八条　地方各级人民政府应当加强基层执法队伍建设，鼓励乡镇人民政府根据需要设立法律顾问和公职律师，鼓励有条件的地方在村民委员会建立公共法律服务工作室，深入开展法治宣传教育和人民调解工作，健全乡村矛盾纠纷调处化解机制，推进法治乡村建设。

第四十九条　地方各级人民政府应当健全农村社会治安防控体系，加强农村警务工作，推动平安乡村建设；健全农村公共安全体系，强化农村公共卫生、安全生产、防灾减灾救灾、应急救援、应急广播、食品、药品、交通、消防等安全管理责任。

第七章　城　乡　融　合

第五十条　各级人民政府应当协同推进乡村振兴战略和新型城镇化战略的实施，整体筹划城镇和乡村发展，科学有序统筹安排生态、农业、城镇等功能空间，优化城乡产业发展、基础设施、公共服务设施等布局，逐步健全全民覆盖、普惠共享、城乡一体的基本公共服务体系，加快县域城乡融合发展，促进农业高质高效、乡村宜居宜业、农民富裕富足。

第五十一条　县级人民政府和乡镇人民政府应当优化本行政区域内乡村发展布局，按照尊重农民意愿、方便群众生产生活、保持乡村功能和特色的原则，因地制宜安排村庄布局，依法编制村庄规划，分类有序推进村庄建设，严格规范村庄撤并，严禁违背农民意愿、违反法定程序撤并村庄。

第五十二条　县级以上地方人民政府应当统筹规划、建设、管护城乡道路以及垃圾污水处理、供水供电供气、物流、客运、信息通信、广播电视、消防、防灾减灾等公共基础设施和新型基础设施，推动城乡基础设施互联互通，保障乡村发展能源需求，保障农村饮用水安全，满足农民生产生活需要。

第五十三条　国家发展农村社会事业，促进公共教育、医疗卫生、社会保障等资源向农村倾斜，提升乡村基本公共服务水平，推进城乡基本公共服务均等化。

国家健全乡村便民服务体系，提升乡村公共服务数字化智能化水平，支持完善村级综合服务设施和综合信息平台，培育服务机构和服务类社会组织，完善服务运行机制，促进公共服务与自我服务有效衔接，增强生产生活服务功能。

第五十四条　国家完善城乡统筹的社会保障制度，建立健全保障机制，支持乡村提高社会保障管理服务水平；建立健全城乡居民基本养老保险待遇确定和基础养老金标准正常调整机制，确保城乡居民基本养老保险待遇随经济社会发展逐步提高。

国家支持农民按照规定参加城乡居民基本养老保险、基本医疗保险，鼓励具备条件的灵活就业人员和农业产业化从业人员参加职工基本养老保险、职工基本医疗保险等社会保险。

国家推进城乡最低生活保障制度统筹发展，提高农村特困人员供养等社会救助水平，加强对农村留守儿童、妇女和老年人以及残疾人、困境儿童的关爱服务，支持发展农村普惠型养老服务和互助性养老。

第五十五条　国家推动形成平等竞争、规范有序、城乡统一的人力资源市场，健全城乡均等的公共就业创业服务制度。

县级以上地方人民政府应当采取措施促进在城镇稳定就业和生活的农民自愿有序进城落户，不得以退出土地承包经营权、宅基地使用权、集体收益分配权等作为农民进城落户的条件；推进取得居住证的农民及其随迁家属享受城镇基本公共服务。

国家鼓励社会资本到乡村发展与农民利益联结型项目，鼓励城市居民到乡村旅游、休闲度假、养生养老等，但不得破坏乡村生态环境，不得损害农村集体经济组织及其成员的合法权益。

第五十六条　县级以上人民政府应当采取措施促进城乡产业协同发展，在保障农民主体地位的基础上健全联农带农激励机制，实现乡村经济多元化和农业全产业链发展。

第五十七条　各级人民政府及其有关部门应当采取措施鼓励农民进城务工，全面落实城乡劳动者平等就业、同工同酬，依法保障农民工工资支付和社会保障权益。

第八章　扶持措施

第五十八条　国家建立健全农业支持保护体系和实施乡村振兴战略财政投入保障制度。县级以上人民政府应当优先保障用于乡村振兴的财政投入，确保投入力度不断增强、总量持续增加、与乡村振兴目标任务相适应。

省、自治区、直辖市人民政府可以依法发行政府债券，用于现代农业设施建设和乡村建设。

各级人民政府应当完善涉农资金统筹整合长效机制，强化财政资金监督管理，全面实施预算绩效管理，提高财政资金使用效益。

第五十九条　各级人民政府应当采取措施增强脱贫地区内生发展能力，建立农村低收入人口、欠发达地区帮扶长效机制，持续推进脱贫地区发展；建立健全易返贫致贫人口动态监测预警和帮扶机制，实现巩固拓展脱贫攻坚成果同乡村振兴有效衔接。

国家加大对革命老区、民族地区、边疆地区实施乡村振兴战略的支持力度。

第六十条　国家按照增加总量、优化存量、提高效能的原则，构建以高质量绿色发展为导向的新型农业补贴政策体系。

第六十一条　各级人民政府应当坚持取之于农、主要用之于农的原则，按照国家有关规定调整完善土地使用权出让收入使用范围，提高农业农村投入比例，重点用于高标准农田建设、农田水利建设、现代种业提升、农村供水保障、农村人居环境整治、农村土地综合整治、耕地及永久基本农田保护、村庄公共设施建设和管护、农村教育、农村文化和精神文明建设支出，以及与农业农村直接相关的山水林田湖草沙生态保护修复、以工代赈工程建设等。

第六十二条　县级以上人民政府设立的相关专项资金、基金应当按照规定加强对乡村振兴的支持。

国家支持以市场化方式设立乡村振兴基金，重点支持乡村产业发展和公共基础设施建设。

县级以上地方人民政府应当优化乡村营商环境，鼓励创新投融资方式，引导社会资本投向乡村。

第六十三条　国家综合运用财政、金融等政策措施，完善政府性融资担保机制，依法完善乡村资产抵押担保权能，改进、加强乡村振兴的金融支持和服务。

财政出资设立的农业信贷担保机构应当主要为从事农业生产和与农业生产直接相关的经营主体服务。

第六十四条　国家健全多层次资本市场，多渠道推动涉农企业股权融资，发展并规范债券市场，促进涉农企业利用多种方式融资；丰富农产品期货品种，发挥期货市场价格发现和风险分散功能。

第六十五条　国家建立健全多层次、广覆盖、可持续的农村金融服务体系，完善金融支持乡村振兴考核评估机制，促进农村普惠金融发展，鼓励金融机构依法将更多资源配置到乡村发展的重点领域和薄弱环节。

政策性金融机构应当在业务范围内为乡村振兴提供信贷支持和其他金融服务，加大对乡村振兴的支持力度。

商业银行应当结合自身职能定位和业务优势，创新金融产品和服务模式，扩大基础金融服务覆盖面，增加对农民和农业经营主体的信贷规模，为乡村振兴提供金融服务。

农村商业银行、农村合作银行、农村信用社等农村中小金融机构应当主要为本地农业农村农民服务，当年新增可贷资金主要用于当地农业农村发展。

第六十六条　国家建立健全多层次农业保险体系，完善政策性农业保险制度，鼓励商业性保险公司开展农业保险业务，支持农民和农业经营主体依法开展互助合作保险。

县级以上人民政府应当采取保费补贴等措施，支持保险机构适当增加保险品种，扩大农业保险覆盖面，促进农业保险发展。

第六十七条　县级以上地方人民政府应当推进节约集约用地，提高土地使用效率，依法采取措施盘活农村存量建设用地，激活农村土地资源，完善农村新增建设用地保障机制，满足乡村产业、公共服务设施和农民住宅用地合理需求。

县级以上地方人民政府应当保障乡村产业用地，建设用地指标应当向乡村发展倾斜，县域内新增耕地指标应当优先用于折抵乡村产业发展所需建设用地指标，探索灵活多样的供地新方式。

经国土空间规划确定为工业、商业等经营性用途并依法登记的集体经营性建设用地，土地所有权人可以依法通过出让、出租等方式交由单位或者个人使用，优先用于发展集体所有制经济和乡村产业。

第九章　监　督　检　查

第六十八条　国家实行乡村振兴战略实施目标责任制和考核评价制度。上级人民政府应当对下级人民政府实施乡村振兴战略的目标完成情况等进行考核，考核结果作为地方人民政府及其负责人综合考核评价的重要内容。

第六十九条　国务院和省、自治区、直辖市人民政府有关部门建立客观反映乡村振兴进展的指标和统计体系。县级以上地方人民政府应当对本行政区域内乡村振兴战略实施情况进行评估。

第七十条 县级以上各级人民政府应当向本级人民代表大会或者其常务委员会报告乡村振兴促进工作情况。乡镇人民政府应当向本级人民代表大会报告乡村振兴促进工作情况。

第七十一条 地方各级人民政府应当每年向上一级人民政府报告乡村振兴促进工作情况。

县级以上人民政府定期对下一级人民政府乡村振兴促进工作情况开展监督检查。

第七十二条 县级以上人民政府发展改革、财政、农业农村、审计等部门按照各自职责对农业农村投入优先保障机制落实情况、乡村振兴资金使用情况和绩效等实施监督。

第七十三条 各级人民政府及其有关部门在乡村振兴促进工作中不履行或者不正确履行职责的，依照法律法规和国家有关规定追究责任，对直接负责的主管人员和其他直接责任人员依法给予处分。

违反有关农产品质量安全、生态环境保护、土地管理等法律法规的，由有关主管部门依法予以处罚；构成犯罪的，依法追究刑事责任。

第十章　附　　则

第七十四条 本法自 2021 年 6 月 1 日起施行。

附录四：《村庄和集镇规划建设管理条例》

村庄和集镇规划建设管理条例

（国务院令第 116 号）

第一章　总　则

第一条　为加强村庄、集镇的规划建设管理，改善村庄、集镇的生产、生活环境，促进农村经济和社会发展，制定本条例。

第二条　制定和实施村庄、集镇规划，在村庄、集镇规划区内进行居民住宅、乡（镇）村企业、乡（镇）村公共设施和公益事业等的建设，必须遵守本条例。但是，国家征用集体所有的土地进行的建设除外。

在城市规划区内的村庄、集镇规划的制定和实施，依照城市规划法及其实施条例执行。

第三条　本条例所称村庄，是指农村村民居住和从事各种生产的聚居点。

本条例所称集镇，是指乡、民族乡人民政府所在地和经县级人民政府确认由集市发展而成的作为农村一定区域经济、文化和生活服务中心的非建制镇。

本条例所称村庄、集镇规划区，是指村庄、集镇建成区和因村庄、集镇建设及发展需要实行规划控制的区域。村庄、集镇规划区的具体范围，在村庄、集镇总体规划中划定。

第四条　村庄、集镇规划建设管理，应当坚持合理布局、节约用地的原则，全面规划，正确引导，依靠群众，自力更生，因地制宜，量力而行，逐步建设，实现经济效益、社会效益和环境效益的统一。

第五条　地处洪涝、地震、台风、滑坡等自然灾害易发地区的村庄和集镇，应当按照国家和地方的有关规定，在村庄、集镇总体规划中制定防灾措施。

第六条　国务院建设行政主管部门主管全国的村庄、集镇规划建设管理工作。

县级以上地方人民政府建设行政主管部门主管本行政区域的村庄、集镇规划建设管理工作。

乡级人民政府负责本行政区域的村庄、集镇规划建设管理工作。

第七条　国家鼓励村庄、集镇规划建设管理的科学研究，推广先进技术，提倡在村庄和集镇建设中，结合当地特点，采用新工艺、新材料、新结构。

第二章　村庄和集镇规划的制定

第八条　村庄、集镇规划由乡级人民政府负责组织编制，并监督实施。

第九条　村庄、集镇规划的编制，应当遵循下列原则：

（一）根据国民经济和社会发展计划，结合当地经济发展的现状和要求，以及自然环境、资源条件和历史情况等，统筹兼顾，综合部署村庄和集镇的各项建设；

（二）处理好近期建设与远景发展、改造与新建的关系，使村庄、集镇的性质和建设的规模、速度和标准，同经济发展和农民生活水平相适应；

（三）合理用地，节约用地，各项建设应当相对集中，充分利用原有建设用地，新建、扩建工程及住宅应当尽量不占用耕地和林地；

（四）有利生产，方便生活，合理安排住宅、乡（镇）村企业、乡（镇）村公共设施和公益事业等的建设布局，促进农村各项事业协调发展，并适当留有发展余地；

（五）保护和改善生态环境，防治污染和其他公害，加强绿化和村容镇貌、环境卫生建设。

第十条　村庄、集镇规划的编制，应当以县域规划、农业区划、土地利用总体规划为依据，并同有关部门的专业规划相协调。

县级人民政府组织编制的县域规划，应当包括村庄、集镇建设体系规划。

第十一条　编制村庄、集镇规划，一般分为村庄、集镇总体规划和村庄、集镇建设规划两个阶段进行。

第十二条　村庄、集镇总体规划，是乡级行政区域内村庄和集镇布点规划及相应的各项建设的整体部署。

村庄、集镇总体规划的主要内容包括：乡级行政区域的村庄、集镇布点，村庄和集镇的位置、性质、规模和发展方向，村庄和集镇的交通、供水、供电、商业、绿化等生产和生活服务设施的配置。

第十三条　村庄、集镇建设规划，应当在村庄、集镇总体规划指导下，具体安排村庄、集镇的各项建设。

集镇建设规划的主要内容包括：住宅、乡（镇）村企业、乡（镇）村公共设施、公益事业等各项建设的用地布局、用地规划，有关的技术经济指标，近期建设工程以及重点地段建设具体安排。

村庄建设规划的主要内容，可以根据本地区经济发展水平，参照集镇建设规划的编制内容，主要对住宅和供水、供电、道路、绿化、环境卫生以及生产配套设施作出具体安排。

第十四条　村庄、集镇总体规划和集镇建设规划，须经乡级人民代表大会审查同意，由乡级人民政府报县级人民政府批准。

村庄建设规划，须经村民会议讨论同意，由乡级人民政府报县级人民政府批准。

第十五条　根据社会经济发展需要，依照本条例第十四条的规定，经乡级人民代表大会或者村民会议同意，乡级人民政府可以对村庄、集镇规划进行局部调整，并报县级人民政府备案。涉及村庄、集镇的性质、规模、发展方向和总体布局重大变更的，依照本条例第十四条规定的程序办理。

第十六条　村庄、集镇规划期限，由省、自治区，直辖市人民政府根据本地区实际情况规定。

第十七条　村庄、集镇规划经批准后，由乡级人民政府公布。

第三章　村庄和集镇规划的实施

第十八条　农村村民在村庄、集镇规划区内建住宅的，应当先向村集体经济组织或者村民委员会提出建房申请，经村民会议讨论通过后，按照下列审批程序办理：

（一）需要使用耕地的，经乡级人民政府审核、县级人民政府建设行政主管部门审查同意并出具选址意见书后，方可依照《土地管理法》向县级人民政府土地管理部门申请用地，经县级人民政府批准后，由县级人民政府土地管理部门划拨土地；

（二）使用原有宅基地、村内空闲地和其他土地的，由乡级人民政府根据村庄、集镇规划和土地利用规划批准。

城镇非农业户口居民在村庄、集镇规划区内需要使用集体所有的土地建住宅的，应当经其所在单位或者居民委员会同意后，依照前款第（一）项规定的审批程序办理。

回原籍村庄、集镇落户的职工、退伍军人和离休、退休干部以及回乡定居的华侨、港澳台同胞，在村庄、集镇规划区需要使用集体所有的土地建住宅的，依照本条第一款第（一）项规定的审批程序办理。

第十九条　兴建乡（镇）村企业，必须持县级以上地方人民政府批准的设计任务书或者其他批准文件，向县级人民政府建设行政主管部门申请选址定点，县级人民政府建设行政主管部门审查同意并出具选址意见书后，建设单位方可依法向县级人民政府土地管理部门申请用地，经县级以上人民政府批准后，由土地管理部门划拨土地。

第二十条 乡（镇）村公共设施、公益事业建设，须经乡级人民政府审核、县级人民政府建设行政主管部门审查同意并出具选址意见书后，建设单位方可依法向县级人民政府土地管理部门申请用地，经县级以上人民政府批准后，由土地管理部门划拨土地。

第四章 村庄和集镇建设的设计、施工管理

第二十一条 在村庄、集镇规划区内，凡建筑跨度、跨径或者高度超出规定范围的乡（镇）村企业、乡（镇）村公共设施和公益事业的建筑工程，以及2层（含2层）以上的住宅，必须由取得相应的设计资质证书的单位进行设计，或者选用通用设计、标准设计。

跨度、跨径和高度的限定，由省、自治区、直辖市人民政府或者其授权的部门规定。

第二十二条 建筑设计应当贯彻适用、经济、安全和美观的原则，符合国家和地方有关节约资源、抗御灾害的规定，保持地方特色和民族风格，并注意与周围环境相协调。

农村居民住宅设计应当符合紧凑、合理、卫生和安全的要求。

第二十三条 承担村庄、集镇规划区内建筑工程施工任务的单位，必须具有相应的施工资质等级证书或者资质审查证明，并按照规定的经营范围承担施工任务。

在村庄、集镇规划区内从事建筑施工的个体工匠，除承担房屋修缮外，须按有关规定办理施工资质审批手续。

第二十四条 施工单位应当按照设计图纸施工。任何单位和个人不得擅自修改设计图纸；确需修改的，须经原设计单位同意，并出具变更设计通知单或者图纸。

第二十五条 施工单位应当确保施工质量，按照有关的技术规定施工，不得使用不符合工程质量要求的建筑材料和建筑构件。

第二十六条 乡（镇）村企业、乡（镇）村公共设施、公益事业等建设，在开工前，建设单位和个人应当向县级以上人民政府建设主管部门提出开工申请，经县级以上人民政府建设行政主管部门对设计、施工条件予以审查批准后，方可开工。

农村居民住宅建设开工的审批程序，由省、自治区、直辖市人民政府规定。

第二十七条 县级人民政府建设行政主管部门，应当对村庄、集镇建设的施工质量进行监督检查。村庄、集镇的建设工程竣工后，应当按照国家的有关规定，经有关部门竣工验收合格后，方可交付使用。

第五章 房屋、公共设施、村容镇貌和环境卫生管理

第二十八条 县级以上人民政府建设行政主管部门，应当加强对村庄、集镇房屋的产权、产籍的管理，依法保护房屋所有人对房屋的所有权。具体办法由国务院建设行政主管部门制定。

第二十九条 任何单位和个人都应当遵守国家和地方有关村庄、集镇的房屋、公共设施的管理规定，保证房屋的使用安全和公共设施的正常使用，不得破坏或者损毁村庄、集镇的道路、桥梁、供水、排水、供电、邮电、绿化等设施。

第三十条 从集镇收取的城市维护建设税，应当用于集镇公共设施的维护和建设，不得挪作他用。

第三十一条 乡级人民政府应当采取措施，保护村庄、集镇饮用水源；有条件的地方，可以集中供水，使水质逐步达到国家规定的生活饮用水卫生标准。

第三十二条 未经乡级人民政府批准，任何单位和个人不得擅自在村庄、集镇规划区内的街道、广场、市场和车站等场所修建临时建筑物、构筑物和其他设施。

第三十三条 任何单位和个人都应当维护村容镇貌和环境

卫生，妥善处理粪堆、垃圾堆、柴草堆，养护树木花草，美化环境。

第三十四条 任何单位和个人都有义务保护村庄、集镇内的文物古迹、古树名木和风景名胜、军事设施、防汛设施，以及国家邮电、通信、输变电、输油管道等设施，不得损坏。

第三十五条 乡级人民政府应当按照国家有关规定，对村庄、集镇建设中形成的具有保存价值的文件、图纸、资料等及时整理归档。

第六章 罚 则

第三十六条 在村庄、集镇规划区内，未按规划审批程序批准而取得建设用地批准文件，占用土地的，批准文件无效，占用的土地由乡级以上人民政府责令退回。

第三十七条 在村庄、集镇规划区内，未按规划审批程序批准或者违反规划的规定进行建设，严重影响村庄、集镇规划的，由县级人民政府建设行政主管部门责令停止建设，限期拆除或者没收违法建筑物、构筑物和其他设施；影响村庄、集镇规划，尚可采取改正措施的，由县级人民政府建设行政主管部门责令限期改正，处以罚款。

农村居民未经批准或者违反规划的规定建住宅的，乡级人民政府可以依照前款规定处罚。

第三十八条 有下列行为之一的，由县级人民政府建设行政主管部门责令停止设计或者施工、限期改正，并可处以罚款：

（一）未取得设计资质证书，承担建筑跨度、跨径和高度超出规定范围的工程以及2层以上住宅的设计任务或者未按设计资质证书规定的经营范围，承担设计任务的；

（二）未取得施工资质等级证书或者资质审查证书或者未按规定的经营范围，承担施工任务的；

（三）不按有关技术规定施工或者使用不符合工程质量要求的建筑材料和建筑构件的；

（四）未按设计图纸施工或者擅自修改设计图纸的。

取得设计或者施工资质证书的勘察设计、施工单位，为无证单位提供资质证书，超过规定的经营范围，承担设计、施工任务或者设计、施工的质量不符合要求，情节严重的，由原发证机关吊销设计或者施工的资质证书。

第三十九条　有下列行为之一的，由乡级人民政府责令停止侵害，可以处以罚款；造成损失的，并应当赔偿：

（一）损坏村庄和集镇的房屋、公共设施的；

（二）乱堆粪便、垃圾、柴草，破坏村容镇貌和环境卫生的。

第四十条　擅自在村庄、集镇规划区内的街道、广场、市场和车站等场所修建临时建筑物、构筑物和其他设施的，由乡级人民政府责令限期拆除，并可处以罚款。

第四十一条　损坏村庄，集镇内的文物古迹、古树名木和风景名胜、军事设施、防汛设施，以及国家邮电、通信、输变电、输油管道等设施的，依照有关法律、法规的规定处罚。

第四十二条　违反本条例，构成违反治安管理行为的，依照治安管理处罚条例的规定处罚；构成犯罪的，依法追究刑事责任。

第四十三条　村庄、集镇建设管理人员玩忽职守、滥用职权、徇私舞弊的，由所在单位或者上级主管部门给予行政处分；构成犯罪的，依法追究刑事责任。

第四十四条　当事人对行政处罚决定不服的，可以自接到处罚决定通知之日起 15 日内，向作出处罚决定机关的上一级机关申请复议；对复议决定不服的，可以自接到复议决定之日起 15 日内，向人民法院提起诉讼。当事人也可以自接到处罚决定通知之日起 15 日内，直接向人民法院起诉。当事人逾期不申请复议，也不向人民法院提起诉讼，又不履行处罚决定的，作出处罚决定的机关可以申请人民法院强制执行或者依法强制执行。

第七章　附　　则

第四十五条　未设镇建制的国营农场场部、国营林场场部及其基层居民点的规划建设管理，分别由国营农场、国营林场主管部门负责，参照本条例执行。

第四十六条　省、自治区、直辖市人民政府可以根据本条例制定实施办法。

第四十七条　本条例由国务院建设行政主管部门负责解释。

第四十八条　本条例自 1993 年 11 月 1 日起施行。

附录五:《美丽乡村建设指南》

《美丽乡村建设指南》GB/T 32000—2015

《美丽乡村建设指南》由中华人民共和国国家质量监督检验检疫总局 中国国家标准化管理委员会发布，2015 年 6 月 1 日实施。

1 范 围

本标准规定了美丽乡村的村庄规划和建设、生态环境、经济发展、公共服务、乡风文明、基层组织、长效管理等建设要求。本标准适用于指导以村为单位的美丽乡村的建设。

2 规范性引用文件

下列文件对于本文件的应用是必不可少的。凡是注日期的引用文件，仅注日期的版本适用于本文件。凡是不注日期的引用文件，其最新版本（包括所有的修改单）适用于本文件。

GB/T 156 标准电压

GB 3095 环境空气质量标准

GB 3096 声环境质量标准

GB 3097 海水水质标准

GB 3838 地表水环境质量标准

GB 4285 农药安全使用标准

GB 5749 生活饮用水卫生标准

GB 5768.1 道路交通标志和标线 第 1 部分：总则

GB 5768.2 道路交通标志和标线 第 2 部分：道路交通标志

GB 7959 粪便无害化卫生要求

GB/T 8321 （所有部分）农药合理使用准则

GB 15618　土壤环境质量标准

GB/T 16453　（所有部分）水土保持综合治理　技术规范

GB 18596　畜禽养殖业污染物排放标准

GB 19379　农场户厕卫生规范

GB/T 27774　病媒生物应急监测与控制　通则

GB/T 29315　中小学、幼儿园安全技术防范系统要求

GB/T 30600　高标准农田建设　通则

GB 50039　农村防火规范

GB 50201　防洪标准

GB 50288　灌溉与排水工程设计规范

GB 50445　村庄整治技术规范

DL 493　农村安全用电规程

DL/T 5118　农村电力网规划设计导则

HJ 25.4　污染场地土壤修复技术导则

HJ 588　农业固体废物污染控制技术导则

NY/T 496　肥料合理使用准则　通则

建标 109　农村普通中小学校建设标准

3　术语和定义

下列术语和定义适用于本文件。

3.1　美丽乡村　beautiful village

经济、政治、文化、社会和生态文明协调发展，规划科学、生产发展、生活宽裕、乡风文明、村容整洁、管理民主、宜居、宜业的可持续发展乡村（包括建制村和自然村）。

4　总　　则

4.1　坚持政府引导、村民主体、以人为本、因地制宜的原则，持续改善农村人居环境。

4.2　规划先行，统筹兼顾，生产、生活、生态和谐发展。

4.3 村务管理民主规范，村民参与积极性高。

4.4 集体经济发展，公共服务改善，村民生活品质提升。

5 村 庄 规 划

5.1 规划原则

5.1.1 因地制宜

5.1.1.1 根据乡村资源禀赋，因地制宜编制村庄规划，注重传统文化的保护和传承，维护乡村风貌，突出地域特色。

5.1.1.2 村庄规模较大、情况较复杂时，宜编制经济可行的村庄整治等专项规划。历史文化名村和传统村落应编制历史文化名村保护规划和传统村落保护发展规划。

5.1.2 村民参与

5.1.2.1 村庄规划编制应深入农户实地调查，充分征求意见，并宣讲规划意图和规划内容。

5.1.2.2 村庄规划应经村民会议或村民代表会议讨论通过，规划总平面图及相关内容应在村庄显著位置公示，经批准后公布、实施。

5.1.3 合理布局

5.1.3.1 村庄规划应符合土地利用总体规划，做好与镇域规划、经济社会发展规划和各项专业规划的协调衔接，科学区分生产生活区域，功能布局合理、安全、宜居、美观、和谐，配套完善。

5.1.3.2 结合地形地貌、山体、水系等自然环境条件，科学布局，处理好山形、水体、道路、建筑的关系。

5.1.4 节约用地

5.1.4.1 村庄规划应科学、合理、统筹配置土地，依法使用土地，不得占用基本农田，慎用山坡地。

5.1.4.2 公共活动场所的规划与布局应充分利用闲置土地、现有建筑及设施等。

5.2 规划编制要素

5.2.1 编制规划应以需求和问题为导向，综合评价村庄的发展条件，提出村庄建设与治理、产业发展和村庄管理的总体要求。

5.2.2 统筹村民建房、村庄整治改造，并进行规划设计，包含建筑的平面改造和立面整饰。

5.2.3 确定村民活动、文体教育、医疗卫生、社会福利等公共服务和管理设施的用地布局和建设要求。

5.2.4 确定村域道路、供水、排水、供电、通信等各项基础设施配置和建设要求，包括布局、管线走向、敷设方式等。

5.2.5 确定农业及其他生产经营设施用地。

5.2.6 确定生态环境保护目标、要求和措施，确定垃圾、污水收集处理设施和公厕等环境卫生设施的配置和建设要求。

5.2.7 确定村庄防灾减灾的要求，做好村级避灾场所建设规划；对处于山体滑坡、崩塌、地陷、地裂、泥石流、山洪冲沟等地质隐患地段的农村居民点，应经相关程序确定搬迁方案。

5.2.8 确定村庄传统民居、历史建筑物与构筑物、古树名木等人文景观的保护与利用措施。

5.2.9 规划图文表达应简明扼要、平实直观。

6 村 庄 建 设

6.1 基本要求

6.1.1 村庄建设应按规划执行。

6.1.2 新建、改建、扩建住房与建筑整治应符合建筑卫生、安全要求，注重与环境协调；宜选择具有乡村特色和地域风格的建筑图样；倡导建设绿色农房。

6.1.3 保持和延续传统格局和历史风貌，维护历史文化遗产的完整性、真实性、延续性和原始性。

6.1.4 整治影响景观的棚舍、残破或倒塌的墙体，清除临时搭盖，美化影响村庄空间外观视觉的外墙、屋顶、窗户、栏杆等，规范太阳能热水器、屋顶空调等设施的安装。

6.1.5 逐步实施危旧房的改造、整治。

6.2 生活设施

6.2.1 道路

6.2.1.1 村主干道建设应进出畅通，路面硬化率达100%。

6.2.1.2 村内道路应以现有道路为基础，顺应现有村庄格局，保留原始形态走向，就地取材。

6.2.1.3 村主干道应按照 GB 5768.1 和 GB 5768.2 的要求设置道路交通标志，村口应设村名标识；历史文化名村、传统村落、特色景观旅游景点应设置指示牌。

6.2.1.4 利用道路周边、空余场地，适当规划公共停车场（泊位）。

6.2.2 桥梁

6.2.2.1 安全美观，与周围环境相协调，体现地域风格，提倡使用本地天然材料，保护古桥。

6.2.2.2 维护、改造可采用加固基础、新铺桥面、增加护栏等措施，并设置安全设施和警示标志。

6.2.3 饮水

6.2.3.1 应根据村庄分布特点、生活水平和区域水资源等条件，合理确定用水量指标、供水水源和水压要求。

6.2.3.2 应加强水源地保护，保障农村饮水安全，生活饮用水的水质应符合 GB 5749 的要求。

6.2.4 供电

6.2.4.1 农村电力网建设与改造的规划设计应符合 DL/T 5118 的要求，电压等级应符合 GB/T 156 的要求，供电应能满足村民基本生产生活需要。

6.2.4.2 电线杆应排列整齐，安全美观，无私拉乱接电线、电缆现象。

6.2.4.3 合理配置照明路灯，宜使用节能灯具。

6.2.5 通信

广播、电视、电话、网络、邮政等公共通信设施齐全、信号通畅，线路架设规范、安全有序；有条件的村庄可采用管道下地敷设。

6.3 农业生产设施

6.3.1 结合实际开展土地整治和保护；适合高标准农田建设的重点区域，按 GB/T 30600 的要求进行规范建设。

6.3.2 开展农田水利设施治理；防洪、排涝和灌溉保证率等达到 GB 50201 和 GB 50288 的要求；注重抗旱、防风等防灾基础设施的建设和配备。

6.3.3 结合产业发展，配备先进、适用的现代化农业生产设施。

7 生 态 环 境

7.1 环境质量

7.1.1 大气、声、土壤环境质量应分别达到 GB 3095、GB 3096、GB 15618 中与当地环境功能区相对应的要求。

7.1.2 村域内主要河流、湖泊、水库等地表水体水质，沿海村庄的近岸海域海水水质应分别达到 GB 3838、GB 3097中与当地环境功能区相对应的要求。

7.2 污染防治

7.2.1 农业污染防治

7.2.1.1 推广植物病虫害统防统治，采用农业、物理、生物、化学等综合防治措施，不得使用明令禁止的高毒高残留农药，按照 GB 4285、GB/T 8321 的要求合理用药。

7.2.1.2 推广测土配方施肥技术，施用有机肥、缓释肥；肥料使用符合 NY/T 496 的要求。

7.2.1.3 农业固体废物污染控制和资源综合利用可按 HJ 588 的要求进行；农药瓶、废弃塑料薄膜、育秧盘等农业生产废弃物及时处理；农膜回收率≥80%；农作物秸秆综合利用率≥70%。

7.2.1.4 畜禽养殖场（小区）污染物排放应符合 GB 18596 的要求，畜禽粪便综合利用率≥80%；病死畜禽无害化处理率达100%；水产养殖废水应达标排放。

7.2.2 工业污染防治

村域内工业企业生产过程中产生的废水、废气、噪声、固体废物等污染物达标排放，工业污染源达标排放率达100%。

7.2.3 生活污染防治

7.2.3.1 生活垃圾处理

7.2.3.1.1 应建立生活垃圾收运处置体系，生活垃圾无害化处理率≥80%。

7.2.3.1.2 应合理配置垃圾收集点、建筑垃圾堆放点、垃圾箱、垃圾清运工具等，并保持干净整洁、不破损、不外溢。

7.2.3.1.3 推行生活垃圾分类处理和资源化利用；垃圾应及时清运，防止二次污染。

7.2.3.2 生活污水处理

7.2.3.2.1 应以粪污分流、雨污分流为原则，综合人口分布、污水水量、经济发展水平、环境特点、气候条件、地理状况，以及现有的排水体制、排水管网等确定生活污水收集模式。

7.2.3.2.2 应根据村落和农户的分布，可采用集中处理或分散处理或集中与分散处理相结合的方式，建设污水处理系统并定期维护，生活污水处理农户覆盖率≥70%。

7.2.3.3 清洁能源使用

应科学使用并逐步减少木、草、秸秆、竹等传统燃料的直接使用，推广使用电能、太阳能、风能、沼气、天然气等清洁能源，使用清洁能源的农户数比例≥70%。

7.3 生态保护与治理

7.3.1 对村庄山体、森林、湿地、水体、植被等自然资源进行生态保育，保持原生态自然环境。

7.3.2 开展水土流失综合治理，综合治理技术按 GB/T 16453 的要求执行；防止人为破坏造成新的水土流失。

7.3.3 开展荒漠化治理，实旅退耕还林还草。规范采砂、取水、取土、取石行为。

7.3.4 按 GB 50445 的要求对村庄内坑塘河道进行整治，保持水质清洁和水流通畅，保护原生植被。岸边宜种植适生植物，绿化配置合理、养护到位。

7.3.5 改善土壤环境，提高农田质量，对污染土壤按 HJ 25.4 的要求进行修复。

7.3.6 实施增殖放流和水产养殖生态环境修复。

7.3.7 外来物种引种应符合相关规定，防止外来生物入侵。

7.4 村容整治

7.4.1 村容维护

7.4.1.1 村域内不应有露天焚烧垃圾和秸秆的现象，水体清洁、无异味。

7.4.1.2 道路路面平整，不应有坑洼、积水等现象；道路及路边、河道岸坡、绿化带、花坛、公共活动场地等可视范围内无明显垃圾。

7.4.1.3 房前屋后整洁，无污水溢流，无散落垃圾；建材、柴火等生产生活用品集中有序存放。

7.4.1.4 按规划在公共通道两侧划定一定范围的公用空间红线，不得违章占道和占用红线。

7.4.1.5 宣传栏、广告牌等设置规范，整洁有序；村庄内无乱贴乱画乱刻现象。

7.4.1.6 划定畜禽养殖区域，人畜分离；农家庭院畜禽圈养，保持圈舍卫生，不影响周边生活环境。

7.4.1.7 规范殡葬管理，尊重少数民族的丧葬习俗，倡导生态安葬。

7.4.2 环境绿化

7.4.2.1 村庄绿化宜采用本地果树林木花草品种，兼顾生态、经济和景观效果，与当地的地形地貌相协调；林草覆盖率山区≥80%，丘陵≥50%，平原≥20%。

7.4.2.2 庭院、屋顶和围墙提倡立体绿化和美化，适度发展庭院经济。

7.4.2.3 古树名木采取设置围护栏或砌石等方法进行保护，并设标志牌。

7.4.3 厕所改造

7.4.3.1 实施农村户用厕所改造，户用卫生厕所普及率≥80%，卫生应符合 GB 19379 的要求。

7.4.3.2 合理配置村庄内卫生公厕，不应低于 1 座 /600 户，按 GB 7959 的要求进行粪便无害化处理；卫生公厕有专人管理，定期进行卫生消毒，保持干净整洁。

7.4.3.3 村内无露天粪坑和简易茅厕。

7.4.4 病媒生物综合防治

按照 GB/T 27774 的要求组织进行鼠、蝇、蚊、蟑螂等病媒生物综合防治。

8 经济发展

8.1 基本要求

8.1.1 制定产业发展规划，三产结构合理、融合发展，注重培育惠及面广、效益高、有特色的主导产业。

8.1.2 创新产业发展模式，培育特色村、专业村，带动经济发展，促进农民增收致富。

8.1.3 村级集体经济有稳定的收入来源，能够满足开展村务活动和自身发展的需要。

8.2 产业发展

8.2.1 农业

8.2.1.1 发展种养大户、家庭农场、农民专业合作社等新型经营主体。

8.2.1.2 发展现代农业，积极推广适合当地农业生产的新品种、新技术、新机具及新种养模式，促进农业科技成果转化；鼓励精细化、集约化、标准化生产，培育农业特色品牌。

8.2.1.3 发展现代林业，提倡种植高效生态的特色经济林果和花卉苗木；推广先进适用的林下经济模式，促进集约化、生态化生产。

8.2.1.4 发展现代畜牧业，推广畜禽生态化、规模化养殖。

8.2.1.5 沿海或水资源丰富的村庄，发展现代渔业，推广生态养殖、水产良种和渔业科技，落实休渔制度，促进捕捞业可持续发展。

8.2.2 工业

8.2.2.1 结合产业发展规划，发展农副产品加工、林产品加工、手工制作等产业，提高农产品附加值。

8.2.2.2 引导工业企业进入工业园区，防止化工、印染、电镀等高污染、高能耗、高排放企业向农村转移。

8.2.3 服务业

8.2.3.1 依托乡村自然资源、人文禀赋、乡土风情及产业特色，发展形式多样、特色鲜明的乡村传统文化、餐饮、旅游休闲产业，配备适当的基础设施。

8.2.3.2 发展家政、商贸、美容美发、养老托幼等生活性服务业。

8.2.3.3 鼓励发展农技推广、动植物疫病防控、农资供应、农业信息化、农业机械化、农产品流通、农业金融、保险服务等农业社会化服务业。

9 公 共 服 务

9.1 医疗卫生

9.1.1 建立健全基本公共卫生服务体系。建有符合国家相关规定、建筑面积 $\geqslant 60m^2$ 的村卫生室；人口较少的村可合并设立，社区卫生服务中心或乡镇卫生院所在地的村可不设。

9.1.2 建立统一、规范的村民健康档案，提供计划免疫、传染病防治及儿童、孕产妇、老年人保健等基本公共卫生服务。

9.2 公共教育

9.2.1 村庄幼儿园和中小学建设应符合教育部门布点规划要求。村庄幼儿园、中小学学校建设应分别符合 GB/T 29315、建标 109 的要求，并符合国家卫生标准与安全标准。

9.2.2 普及学前教育和九年义务教育。学前一年毛入园率 $\geqslant 85\%$ ；九年义务教育目标人群覆盖率达 100%，巩固率 $\geqslant 93\%$ 。

9.2.3 通过宣传栏、广播等渠道加强村民普法、科普宣传教育。

9.3 文化体育

9.3.1 基础设施

9.3.1.1 建设具有娱乐、广播、阅读、科普等功能的文化活动场所。

9.3.1.2 建设篮球场、乒乓球台等体育活动设施。

9.3.1.3 少数民族村能为村民提供本民族语言文字出版的书刊、电子音像制品。

9.3.2 文体活动

定期组织开展民俗文化活动、文艺演出、讲座展览、电影放映、体育比赛等群众性文体活动。

9.3.3 文化保护与传承

9.3.3.1 发掘古村落、古建筑、古文物等乡村物质文化，进行整修和保护。

9.3.3.2 搜集民间民族表演艺术、传统戏剧和曲艺、传统手工技艺、传统医药、民族服饰、民俗活动、农业文化、口头语言等乡村非物质文化，进行传承和保护。

9.3.3.3 历史文化遗存村庄应挖掘并宣传古民俗风情、历史沿革、典故传说、名人文化、祖训家规等乡村特色文化。

9.3.3.4 建立乡村传统文化管护制度，编制历史文化遗存资源清单，落实管护责任单位和责任人，形成传统文化保护与传承体系。

9.4 社会保障

9.4.1 村民普遍享有城乡居民基本养老保险，基本实现全覆盖。鼓励建设农村养老机构、老人日托中心、居家养老照料中心等，实现农村基本养老服务。

9.4.2 家庭经济困难且生活难以自理的失能半失能65岁及以上村民基本养老服务补贴覆盖率≥50%。农村五保供养目标人群覆盖率达100%，集中供养能力≥50%。

9.4.3 村民享有城乡居民基本医疗保险参保率≥90%。

9.4.4 被征地村民按相关规定享有相应的社会保障。

9.5 劳动就业

9.5.1 加强村民的素质教育和技能培训，培养新型职业农民。

9.5.2 协助开展劳动关系协调、劳动人事争议调解、维权等权益保护活动。

9.5.3 收集并发布就业信息，提供就业政策咨询、职业指导和职业介绍等服务；为就业困难人员、零就业家庭和残疾人提供就业援助。

9.6 公共安全

9.6.1 根据不同自然灾害类型建立相应防灾设施和避灾场所，

并按有关要求管理。

9.6.2 应制定和完善自然灾害救助应急预案，组织应急演练。

9.6.3 农村消防安全应符合 GB 50039 的要求。

9.6.4 农村用电安全应符合 DL 493 的要求。

9.6.5 健全治安管理制度，配齐村级综治管理人员，应急响应迅速有效，有条件的可在人口集中居住区和重要地段安装社会治安动态视频监控系统。

9.7 便民服务

9.7.1 建有具备综合服务功能的村便民服务机构，提供代办、计划生育、信访接待等服务，每一事项应编制服务指南，推行标准化服务。

9.7.2 村庄有客运站点，村民出行方便。

9.7.3 按照生产生活需求，建设商贸服务网点，鼓励有条件的地区推行电子商务。

10 乡风文明

10.1 组织开展爱国主义、精神文明、社会主义核心价值观、道德、法治、形势政策等宣传教育。

10.2 制定并实施村规民约，倡导崇善向上、勤劳致富、邻里和睦、尊老爱幼、诚信友善等文明乡风。

10.3 开展移风易俗活动，引导村民摒弃陋习，培养健康、文明、生态的生活方式和行为习惯。

11 基 层 组 织

11.1 组织建设

应依法设立村级基层组织，包括村党组织、村民委员会、村务监督机构、村集体经济组织、村民兵连及其他民间组织。

11.2 工作要求

11.2.1 遵循民主决策、民主管理、民主选举、民主监督。

11.2.2 制定村民自治章程、村民议事规则、村务公开、重大事项决策、财务管理等制度，并有效实施。

11.2.3 具备协调解决纠纷和应急的能力。

11.2.4 建立并规范各项工作的档案记录。

12 长 效 管 理

12.1 公众参与

12.1.1 通过健全村民自治机制等方式，保障村民参与建设和日常监督管理，充分发挥村民主体作用。

12.1.2 村民可通过村务公开栏、网络、广播、电视、手机信息等形式，了解美丽乡村建设动态、农事、村务、旅游、商务、防控、民生等信息，参与并监督美丽乡村建设。

12.1.3 鼓励开展第三方村民满意度调查，及时公开调查结果。

12.2 保障与监督

12.2.1 建立健全村庄建设、运行管理、服务等制度，落实资金保障措施，明确责任主体、实施主体，鼓励有条件的村庄采用市场化运作模式。

12.2.2 建立并实施公共卫生保洁、园林绿化养护、基础设施维护等管护机制，配备与村级人口相适应的管护人员，比例不低于常住人口的2‰。

12.2.3 综合运用检查、考核、奖惩等方式，对美丽乡村的建设与运行实施动态监督和管理。

后　记

2023 年 12 月,《中共中央 国务院关于全面推进美丽中国建设的意见》文件的发布, 开启了全面推进美丽中国建设的新篇章。作为从事乡村建设工作多年的同志, 倍受鼓舞, 立即着手撰写《美丽乡村建设指引》, 为全面推进美丽中国建设献计出力。

美丽乡村建设是美丽中国建设的重要组成部分。美丽乡村建设涉及面较广, 既有政策、规范、技术层面的问题, 也有经验、运作、创新层面的探索。广大县、乡、村干部及从事村镇建设工作的同志是美丽乡村建设的管理者、参与者, 应全面理解美丽乡村建设的内涵, 准确掌握相关法规政策与技术规范, 坚持不懈地在实践中探索相关经验, 大力推进美丽乡村建设。

本书旨在通过对美丽乡村建设相关政策的解读, 提出美丽乡村规划、建设、管理工作的基本要求, 指引广大基层干部及相关同志更好地从事美丽乡村建设工作。

本书在撰写过程中, 得到了江西省住房和城乡建设厅、江西省农业农村厅、江西省自然资源厅、江西省乡村振兴局等单位以及相关同志的帮助, 得到了中国建筑工业出版社的支持, 在此一并表示感谢!

由于水平有限, 本书难免存在一些不足之处, 敬请广大读者指正。

作者